全球减贫案例集 2021

中国国际扶贫中心
中国互联网新闻中心
世界银行
联合国粮食及农业组织
国际农业发展基金
联合国世界粮食计划署
亚洲开发银行

编

知识产权出版社
全国百佳图书出版单位
—— 北京 ——

图书在版编目（CIP）数据

全球减贫案例集.2021/中国国际扶贫中心等编．—北京：知识产权出版社，2021.10
（2021.10重印）
ISBN 978-7-5130-7741-5

Ⅰ.①全… Ⅱ.①中… Ⅲ.①扶贫-案例-世界-2021 Ⅳ.①F113.9

中国版本图书馆CIP数据核字（2021）第192554号

总 策 划：刘俊文
策　　划：李　昕　郑文华
出版协调：李琳一　林华珰　王振红　徐　林　孙　芳

责任编辑：张　珑　王志茹　　　　责任印制：孙婷婷

全球减贫案例集2021
QUANQIU JIANPIN ANLIJI 2021
中国国际扶贫中心　中国互联网新闻中心　世界银行　联合国粮食及农业组织
国际农业发展基金　联合国世界粮食计划署　亚洲开发银行　编

出版发行：知识产权出版社有限责任公司　　网　　址：http://www.ipph.cn
　　http://www.laichushu.com
电　　话：010-82004826
社　　址：北京市海淀区气象路50号院　　邮　　编：100081
责编电话：010-82000860转8574　　责编邮箱：laichushu@cnipr.com
发行电话：010-82000860转8101　　发行传真：010-82000893
印　　刷：北京中献拓方科技发展有限公司　　经　　销：各大网上书店、新华书店及相关专业书店
开　　本：787mm×1092mm　1/16　　印　　张：21
版　　次：2021年10月第1版　　印　　次：2021年10月第2次印刷
字　　数：252千字　　定　　价：128.00元
ISBN 978-7-5130-7741-5

序　言

摆脱贫困、共享发展繁荣一直是人类梦寐以求的理想，也是各国人民追求幸福生活的基本权利。《联合国2030年可持续发展议程》将“消除一切形式的贫困”作为首要发展目标，体现了国际社会对全球贫困治理的高度重视。按照世界银行贫困标准，全球贫困人口数量已从2010年的11.07亿人减少至2019年的6.66亿人，减贫效果显著。然而，人类发展仍然面临许多新挑战，全球贫富差距不断扩大、气候变化、暴力冲突、难民危机、自然灾害等一系列难题依然困扰着许多发展中国家。同时，新冠肺炎疫情对世界经济带来巨大冲击，疫情可能导致1.5亿人陷入极端贫困，全球减贫事业面临重大挑战。人类是一个休戚与共的命运共同体，加强国际减贫交流合作、学习借鉴来自各国和各发展机构的成功经验是应对危机、摆脱贫困的有效途径。

真实记录和反映人类反贫困经历的形式多种多样，案例能够以更生动、更具体的方式展示某一领域的进展或突破。每个成功案例都闪烁着人类智慧的光芒，不但传承历史，而且启迪后人。2018年以来，中国国际扶贫中心、中国互联网新闻中心、世界银行、联合国粮食及农业组织、国际农业发展基金、联合国世界粮食计划署和亚洲开发银行等7家机构联合发起“全球减贫案例征集活动”，面向全球在减贫和发展领域工作的组织和个人征集优秀减贫案例。活动共收到700个组织和个人投稿820篇。由上述7家机构组建的评审委员会于2019年10月评选出优秀案例110篇。此后，评审委员会又进一步精选出有代表性的40个案例汇编成本书。本书收录了全球不同地区的减贫模式和经验，覆盖国际合作、政策支持、可持续发展、绿色减贫、粮食问题、脆弱性群体和扶贫项目实施与管理等7个方面。

本书的顺利出版，离不开7家机构的通力合作，离不开关注减贫领域的部门、机构和个人的踊跃投稿，在此一并致谢。同时，对北京师范大学中国扶贫研究院给予的技术支持表示感谢。

我希望，征集和汇编全球减贫案例工作能够持续开展，让全球从事减贫和发展工作的同仁从成功案例中汲取智慧和力量，继续为全球减贫事业作出独特贡献。

刘俊文

中国国际扶贫中心主任

2021年10月15日

评审委员会

张广平	（中国国际扶贫中心）
Martin Raiser	（世界银行）
Carlos Watson	（联合国粮食及农业组织）
Matteo Marchisio	（国际农业发展基金）
屈四喜	（联合国世界粮食计划署）
Hsiao Chink Tang	（亚洲开发银行）
王晓辉	（中国互联网新闻中心）

评审专家

王大军	（中国国际扶贫中心）
李　群	（世界银行）
董　乐	（联合国粮食及农业组织）
孙印洪	（国际农业发展基金）
贾　焰	（联合国世界粮食计划署）
张　鑫	（亚洲开发银行）
焦　梦	（中国互联网新闻中心）

目　录

国际合作

政策支持

可持续发展

国际合作

培育自主发展能力
——中国与坦桑尼亚农业合作案例

案例类型： 可持续农业

关键词： 坦桑尼亚，农业发展，自主发展能力

提交机构： 中国国际扶贫中心，中国农业大学

摘　要

非洲小农生产体系是粗放型经营的模式，农户农作制度粗放，个别地方甚至沿用“刀耕火种”的生产方式，农业机械化水平低，农户缺乏有效的技术指导和投入，因此“低投入、低产出”的问题严重。在此背景下，包括坦桑尼亚在内的非洲国家期待新型的国际发展合作方式，尤其是能够直接推动当地减贫和农业发展的合作方式，以从根本上摆脱贫困落后与粮食不安全的困境。国务院扶贫办中国国际扶贫中心和坦桑尼亚合作，以佩雅佩雅村（Peapea）和狮子阱村（Mtego Wa Simba）为示范村，建立合作机制，传播中国减贫经验，成立中坦村级

减贫学习中心作为示范，构建大学—政府—农户联结机制，开展“千户万亩玉米增产示范工程”，传播最新的减贫理念和技术，实现减贫和粮食安全的目标。该项目探索出一套适合当地农户的资本和土地节约、劳动密集的农业技术体系，带动了当地农业的增产增收，对当地减贫、村庄自主能力提升及地方政府发展都产生了较大的影响，促进了当地经济社会的发展，受到各界的关注，为坦桑尼亚农村发展和减贫指明了方向。

背　景

21 世纪初，坦桑尼亚实现了年均 7% 的 GDP 增长率，但经济增长对于农村减贫的带动却微乎其微，其中一个重要原因是劳动力密集的农业行业发展不足。进一步研究发现，主要是非洲小农生产体系中“低投入、低产出”的粗放型经营模式所致。坦桑尼亚粮食作物的单产水平大概为中国的 22%，80% 的农户靠自留种，70% 的农户从未使用过化肥，全国灌溉面积占可耕总面积的 1.1%，农户农作制度粗放，个别地方甚至沿用“刀耕火种”的生产方式，农业机械化水平低。同时，农户还缺乏有效的“最后一公里”的技术指导和投入，农业投入预算占总额的 6%，仍未达到非洲农业综合发展项目（CAADP）规定的 10% 的目标。

在此背景下，包括坦桑尼亚在内的非洲国家期待新型的国际发展合作方式，尤其是能够直接推动当地减贫和农业发展的合作方式，以从根本上摆脱贫困落后与粮食不安全的困境。国务院扶贫办中国国际扶贫中心和坦桑尼亚合作，以佩雅佩雅村和狮子阱村为示范村，建立合作机制，传播中国减贫经验。

项目实施

该项目由中国国际扶贫中心和坦桑尼亚总统府计划委员会共同领导。首先，在佩雅佩雅村成立了中坦村级减贫学习中心作为示范，传播最新的减贫理念和技术，取得成效后逐渐推广。其次，因佩雅佩雅村减贫学习中心的成功经验，中国农业大学和苏科因农业大学联合成立了中坦农业发展联合研究中心，构建政府—科研机构—农户联结机制。最后，在上述工作基础上，开展“千户万亩玉米增产示范工程”，实现减贫和粮食安全的目标。

1. 成立中坦村级减贫学习中心，传播最新的减贫理念和技术

（1）组建地方工作团队。在当地基层建立项目管理实施小组，以村委会为主体，同时包括当地乡长、村主任、政府推广员等干部成员。该小组与项目专家一起工作，主要职责包括制订每年的工作计划、制定示范户选择标准、组织项目各项活动实施，以及监督检查、讨论并协助解决项目实施中出现的问题等。团队成立后，通过培训、交流、学习等方式，加强项目管理实施小组的制度建设和能力建设。

（2）开展农业技术示范。在示范村建立领导实施小组后，开展项目最为核心的农业技术示范工作。由于项目资源较为有限，同时为了对比示范户和非示范户的不同表现，项目村按照一定的标准选择示范户。在作物选择上，种植的主要是当地主粮作物和主要经济作物，如玉米种植示范、向日葵种植技术示范、玉米和当地豆类间作示范等。项目组织示范户开展作物的技术示范主要包括耕翻土地、购买种子、田间实地播种、间苗定苗、除草、培土收割等。养殖业示范主要包括鸡、奶牛、猪等禽畜的科学饲养。

▲ 2012 年 7 月，“中国-坦桑尼亚村级减贫学习中心”落成

▲ 佩雅村村级减贫学习中心开展示范培训活动

（3）项目监测、评估与推广。村级减贫中心的监测评估体系主要采用参与式监测评估和第三方独立评估相结合的方

式。评估内容主要包括项目活动实施过程中遇到的问题、解决对策及对下一阶段的计划和设计建议等；示范户学到的农业生产相关知识、农作物产量的提高、养殖产量的增加和家庭收入的增加等。示范点工作用1～2年取得成效后开始逐渐被推广，从乡镇到全县，再到全省、全国不同的农业发展区域。

2. 成立中坦农业发展联合研究中心，构建政府—科研机构—农户联结机制

（1）建设中坦农业发展联合研究中心。2014年2月，科学技术部在中坦科技合作协议下启动了发展中国家科技援助项目，由中国农业大学承担中坦农业发展联合研究中心建设，在苏科因农业大学修缮了400平方米的中心用房，作为中国农业大学和苏科因农业大学的后续合作基地。

▲ 中国派出的农业专家在中国-坦桑尼亚村级减贫学习中心教当地村民种植玉米

（2）组建联合研究团队。中国农业大学和苏科因农业大学、莫罗戈罗省政府共同组建联合研究团队，并以距莫罗戈罗20千米的米凯塞乡狮子阱村为示范村，选取周边4个村为扩散村，开展了村级减贫中心建设、农业生产技术示范推广、管理实施小组能力建设。研究团队多次组织培训、交流和参观活动，坚持小农户是重点，构建政府—科研机构—农户联结机制。

3. 开展“千户万亩玉米增产示范工程”（11 工程）

（1）南南合作学习中心建设。在上述工作的基础上，2018年3月，中国农业大学与坦桑尼亚莫罗戈罗省政府、苏科因农业大学联合开展“千户万亩玉米增产示范工程”，选择10个核心示范村，为每个村的村级学习中心提供支持，开展农户培训、农业技术推广学习等活动。省级联合学习中心依托中国农业大学和坦桑尼亚苏科因农业大学建立的联合中心的硬件设施，将其打造成为省级南南合作学习中心，提供相关配套设施和软件支持，并作为培训基地开展与项目相关的各种培训活动。

（2）密植性玉米种植技术示范活动。在苏科因农业大学的农业示范园，中国农业大学与苏科因农业大学教授合作，进行中国玉米的育种、示范种植技术与大田试验，开展农户培训，每年在莫罗戈罗省的10个核心示范村各选择100户示范户，开展劳动密集型主粮玉米生产技术培训与示范，通过示范玉米、鸽子豆等经济作物的种植技术，如密植、间套作、加强田间管理等技术，提高当地主粮的产量及农业收入。此外，每个村每年还将评选5～10名优秀示范户，并对其示范活动进行总结推广。

成 效

1. 促进了农户层面的增产增收

先进的农业技术受到当地村民的欢迎，带来了产量的倍增。佩雅佩雅村示范户从 2012 年 10 户增至 2013 年 31 户、2014 年 44 户。玉米单产从 2011 年每亩 66 千克增长到 2013 年 162 千克、2014 年 183 千克，增长了 3 倍多。截至 2015 年，直接受益农户将近 200 户，受益面积为 1000 亩以上。

2. 增强了社区层面的自主发展能力

项目建设的村级减贫中心平时作为村办公室，是集村干部办公，村民集会、培训、学习、休闲于一体的多功能场所。修建的村公路、人畜饮水管道和节水点、卫生间等解决了村民日常出行、吃水等难题，改善了村庄的生活条件。在项目设计、执行过程中，强化村委会的主体地位，充分发挥村干部的领导作用，通过组织培训、参观等活动及制度保障，提升村干部和村民的自主发展能力。对于村民而言，通过劳动和技术带来高产的过程增强了其“多劳多得”的意识，改变了之前“等、靠、要”的状态，营造了自力更生、积极改变的氛围。

真实故事

拉加布·阿布哈曼（Rajabu Abduhaman），男，2012 年示范户。2016 年调研时他 48 岁，小学 7 年毕业。家中共四口人，即夫妻俩和两个孩子。他认为，项目中的技术帮助提高了产量、增加了收入。他比较了项目前后的变化，说：“我有 5 英亩土地，其中 2.5 英亩种植玉米，另一半种植旱稻。我有幸成为 2012 年项目示范户。我认为中国技术很好，因为它能帮助提高产量。过去每英亩地能产 6 ～ 8 袋玉米棒。采用了中国技术后，我能收到 18 ～ 20 袋。现在，我们都改变了过去的传统种植方式，而改用这种新方法使用播种绳，加大劳动投入。我的地里不使用肥料，因为我相信土地是有肥力的。”

纳索罗·阿苏曼尼（Nassoro Athumani），男，2013 年示范户。2016 年调研时，他 53 岁，文化程度是小学 7 年毕业，家中有五口人。他家有 7 英亩耕地，2016 年他又租了 3 英亩，当年收获了 17 袋 / 英亩（折合 1020 千克 / 英亩，或 118 千克 / 亩）。此后，他不再是项目示范户，但一直使用项目所教的技术，耕地的产量也很高。2016 年，他继续使用新方法种植玉米与木豆间作 2 英亩，玉米产量就达 26 袋 / 英亩。他说：“过去都是用传统方式种植，不考虑株行距、不太关心除草等。我现在对中国技术非常了解，如间苗、使用播种绳播种、农事操作活动记录等。我把所学的技术都运用于耕地。中国技术是很好的。从学习知道后，我就一直在自己的农业生产中运用这些技术。当我看到有的人不用这些技术时，就很不高兴，因为我知道它的益处，能提高产量、增加收入。2015 年我卖了木豆，买了太阳能照明系统。我未来的计划是通过农业种植为家里购置摩托车和电视机。”

拉伦特·图罗（Raurent Tullo），男，2013 年示范户。他不仅把参加项目中所学到的知识运用到耕种中，还于 2015 年组织 20 个示范户成立了农民组织——玉米生产竞赛小组。他们不定期开会讨论，把项目中的技术和知识运用于生产实践，希望通过竞赛小组获得政府的认可和支持，提高农业产量、增加收入。他还说："10户中大约有8户使用新方法，2户不用，不用的是老人、无钱雇用劳动力帮助播种的家庭。"他认为，项目自2012年实施至今，对当地的影响非常大，大大推动了玉米等种植方式、管理方式的转变。

贝提娜·马卡乌（Betina Makau），女，养鸡示范户。项目支持示范户建设了家用简易养鸡棚，请专家培训示范户如何配制饲料、如何打疫苗以减少疾病等。她认真、用心地学习和管理。2014年、2015年和2016年，她分别获得了很好的利润，出售肉鸡的收入达到大约37万、66.8万、33万坦桑尼亚先令。此外，这三年她家自己食用和送人的鸡分别为5只、14只和27只。这些其实也是一种收入，只是自己家庭消费了，提高了生活水平。她通过养鸡提高收入后，建了新房子。她对自己养鸡的成功非常满意，兴奋地准备扩大再生产。

法图玛·朱马（Fatuma Juma），女，非示范户。她谈到对中国技术的看法时说："我是从凯德森（Kidson）那儿听到关于这个项目和技术的。他是示范户，我去过他地里。我们两家的土地挨着。我对他的农场管理非常感兴趣，他使用播种绳播种，不像我过去留很大的株行距，他的地里漂亮极了。2016年，我把学到的技术用到自己的地里，但可惜没有成功，因为遇到了涝灾。我认为，中国技术是很好的，因为它能提高产量，而且很便宜，但是需要多付出劳动进行生产管理。"

经验与启示

1. 加强国际合作，传播先进技术，培养自主发展能力

中国通过传播适合当地的农业技术，带动了坦桑尼亚的农业增产增收，对当地减贫、村庄自主能力提升及地方政府发展都产生了较大的影响，促进了当地经济社会的发展，为坦桑尼亚农村发展和减贫指明了方向。因此，减贫事业要加强国际合作，推动减贫经验的国际化分享，使广大发展中国家可以借鉴先进经验、加快减贫进程。

2. 创建“政府—科研机构—农户”联结机制

中国的发展经验表明，只有建立政府、科研机构和农户之间良好的互动机制，才能推动农业发展、农民增收。但是，长期以来，坦桑尼亚当地的政府、科研机构和村民之间因工作内容、阶级观念等缺少有效的联结机制，各行其是，呈现出断裂的局面。中坦村级减贫中心项目建立了项目管理实施小组，以村委会为主体，还包括当地乡长、村主任、政府推广员等，与项目专家一起工作，制订每年的工作计划、制定示范户选择标准、组织项目各项活动实施及监督检查、讨论并协助解决项目实施过程中出现的问题等。此外，项目组还为团队成员配备手机，通过微信工作群加强日常沟通互动。这极大地提高了工作效率，并逐步建立起“政府—科研机构—农户”联结机制，有效推动了减贫项目的实施。

国际合作促进地区农业发展
——中国与尼日利亚南南合作案例

案例类型：可持续农业，国际援助

关键词：南南合作，中国，尼日利亚，农业生产

提交机构：中国农业农村部对外经济合作中心

摘　要

农业是尼日利亚的重要经济支柱。由于受自然、历史、国内、国际各种因素的影响，尼日利亚农业基础设施薄弱，生产技术落后，粮食不能自给，需大量进口。这严重影响了尼日利亚的粮食安全和国民经济的健康发展。时任尼日利亚总统在2002年出访中国时，向中国政府提出了帮助其发展农业领域的请求。基于此，中国政府于2003年开始，在南南合作框架下，向尼日利亚提供农田水利、农作物生产、畜牧水产养殖和农产品加工等多个领域的农业技术援助。其中，有两点成功经验：第一，国际合作是解决国家农业技术落后的重要途径；第二，国际合作要重视提高受援助国的内生发展动力。

背　景

“南南合作”是联合国粮食及农业组织（FAO，以下简称“粮农组织”）提出的“粮食安全特别计划”的组成部分之一，是由一些发展程度相对较高的发展中国家，通过向发展程度较低的发展中国家派遣农业专家和技术员等方式以提供技术支持，帮助这些国家实施“粮食安全特别计划”，从而提高其农业生产能力和粮食安全水平。

农业是尼日利亚的重要经济支柱，但是由于受到自然、历史、国内、国际等各种因素的影响，曾经是农业国并依靠农产品出口获取外汇收入的尼日利亚，当时的农业生产方式仍以小农为主，基础设施差，生产技术落后，粮食不能自给，需大量进口。这严重影响了尼日利亚的粮食安全和国民经济的健康发展。

2002 年，时任尼日利亚总统奥卢塞贡·奥巴桑乔在出访中国时，看到了小型水坝对提高农作物产量和改善小农生计的重要作用之后，向中国政府提出了请求，邀请中国专家帮助尼日利亚建设小型水坝。经过两国专家联合评估，发现地方的农业发展优先重点非常广泛。因此，2003 年 3 月，尼日利亚政府与中国政府、粮农组织签署了“中尼南南合作一期项目”协议，明确由中国政府组织“南南合作”专家组，在水资源管理、作物生产及多种经营（含畜牧、水产养殖）等领域为尼日利亚提供技术援助。在一期项目取得积极成效后，2008 年 10 月，三方又签署了二期项目协议，该协议执行期为 5 年。

项目实施

在中尼南南合作项目中，粮农组织提供中期和长期技术支持，尼日利亚政府全额出资，中国政府根据尼日利亚政府的需求分批派出专家和技术人员，提供一些经过中国验证有效的农业发展问题解决方案。具体执行由粮农组织驻尼日利亚代表处和驻中国代表处、尼日利亚“国家粮食安全计划项目局（NPFS）”、中国农业农村部对外经济合作中心分别代表三方落实。

1. 整合多方资源，明确各合作主体的职责

粮农组织提供中期和长期技术支持。尼日利亚政府全额出资。中国政府根据尼日利亚政府的需求分批派出专家和技术人员，提供经过中国验证有效的农业发展问题解决方案。

粮农组织代表尼日利亚政府支付月津贴总额（专家每人每月 1500 美元、技术人员每人每月 900 美元）。在单方信托资金项下，尼日利亚政府存入与协议中粮农组织职责相对应的资金。

2. 中国选派专家多次赴尼日利亚，提供多领域技术支持

中国分 19 个批次向尼日利亚选派了来自国内 21 个省（市、自治区）的专家和技术人员。其中，在一期项目中，中国派出 496 名专家和技术人员，分布在尼日利亚 36 个州和联邦首都地区，每人在该地区常驻两年；在二期项目中，中国派出 78 名专家和技术人员，分布在 15 个州和联邦首都地区。

尼日利亚政府基于一期项目中的薄弱环节，在二期项目中设立了区域多功能推广中心，用于开展各种技术的培训和示范，在 6 个地理行政区各设一个中心，帮助强化该项目与尼日利亚各州和联邦当局之间的关系。其中，5 个中心设在农业院校，1 个中心由当地农业发展计划管理。中国农业专家和技术员主要在以下 5 个专业领域开展了技术培训与示范推广工作。

一是农田水利领域。中国专家和技术人员在尼日利亚共推广水利实用技术 36 项（如节水灌溉、打井等），完成节水示范工程 65 处、灌区配套 45 处、拦水土坝 25 座、池塘 14 处、机井 110 眼、手压井 40 眼，发展水窖 10 处，促进了当地水资源的合理开发与利用。

▲ 中国专家指导建成的微型项目基础设施——水车

二是作物集约化生产领域。中国专家和技术人员在作物集约化生产方面共推广实用技术 226 项（如水稻生产、果树嫁接等），取得合作成果 198 项。其中，一批富有中国特色的作物栽培、农机具、果园建设及农产品加工等新技术、新方法得到了普遍推广和应用。

▲ 中国专家在田间指导农民进行西瓜种植

三是水产养殖领域。中国专家和技术人员在水产养殖领域示范推广了网箱养鱼、综合生态养殖、鱼苗繁殖及鱼病防治等实用技术 50 项，取得合作成果 34 项，使一批水产新技术、新方法得到推广和应用。

▲ 中国专家指导的网箱养鱼获得丰收

四是畜牧生产领域。中国专家和技术人员示范推广了57项畜牧实用技术，主要涉及畜禽养殖（如家禽、牛、猪、小型反刍家畜、家兔等），饲料配方的改进，家禽孵化和人工授精，牧草种植与饲料加工，疫病防治等，取得合作成果38项。

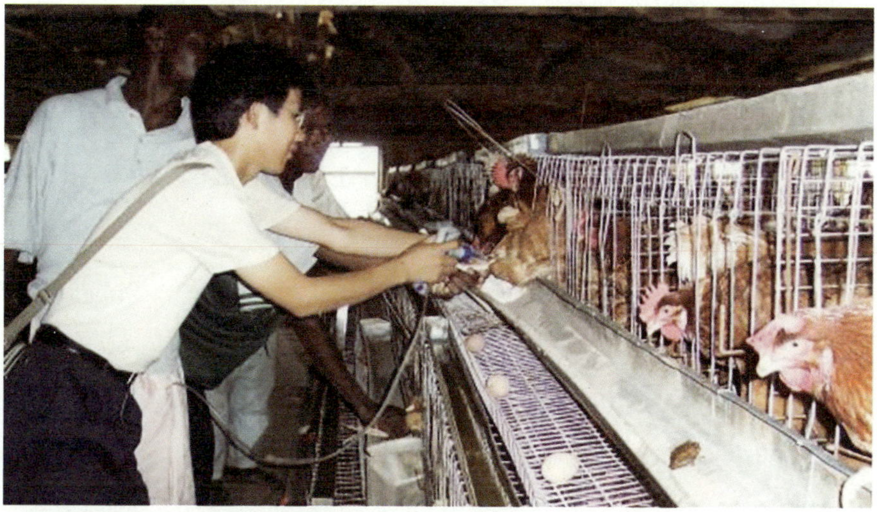

▲ 中国专家传授鸡的防疫技术

五是养蜂及其他领域。中国专家和技术人员在养蜂、竹业、食用菌、农村能源及节柴灶建设方面，共推广实用技术3项，取得合作成果24项。

▲ 中国专家教授野蜂收集扩繁技术

3. 贫困人口通过多种方式参与项目

一是贫困人口直接参与培训。项目期间，累计对310万人次进行了南南合作计划引进的各种技术、田间管理方法的培训。受训的生产者、加工者、商人等有组织的行业团体及尼日利亚各州的农业部门项目官员，均从项目中直接受益。

二是通过区域多功能推广中心系统性推广技术，使更多人能够采用。区域多功能推广中心将中国专家和技术人员传授的技术通过培训和示范进一步扩散，使区域内的小规模经营者均能采用。

三是参加培训的人员将技能传授给身边农户。培训帮助直接参训人员学会新技术，提高单产和收入。参训人员又把学得的技能传授给身边的其他农户，如生活在尼日利亚洛科贾的一位年轻母亲，经过中国专家培训后学会了种植和管理作物的新方法，使蔬菜单产提高30%，之后她又教会身边的邻居。

成　效

在项目执行的10年里，中国专家和技术人员在农田水利、农作物生产、畜牧水产养殖和农产品加工等多个领域为尼日利亚提供农业技术援助，对提高尼日利亚的农业生产能力、农户收入等产生了积极影响。粮农组织将中国—尼日利亚“南南合作”项目誉为全球“南南合作”的样板。

1. 通过技术指导提高农业生产能力，增加粮食产量

派驻凯比州的专家通过指导当地农民开展水稻种植、农场规划、农田管理等工作，利用技术培训、现场示范等多种方式使农民掌握了技术要领，使当年的粮食产量从过去的0.01平方千米3.3吨提高到了4.8吨，达到了近年来的新高，农民种植面积扩大了近一倍。

2. 引进新技术，增加小农户收入，减轻贫困程度

以水产养殖技术为例，网箱养鱼和稻田养鱼尤为成功。当地人用传统的方法下网捕鱼，但对收获完全不可预知。中国专家和技术员帮助区域多功能推广中心的工作人员修建了鱼苗孵化场和养鱼池，教会尼日利亚一线农技推广人员用竹竿、空油桶和尼龙网制作养鱼网箱。这些 2 米 ×2 米的网箱使成鱼更便于管理和收获，产量大幅度提升，可在 6 个月内将鲶鱼养到 1 千克，每次可收入 38 000 元（合 5600 美元），带来极好的经济效益，使当地农民的收入大幅度增加。在卡其纳州，农民自发组成养鱼合作社，不但盖起了新房，还购买了 4 辆摩托车开始做生意。

真实故事

中国技术专家在奥孙州的农场示范推广畜禽养殖技术，手把手传授给农场工人消毒、公鸡采精、母鸡输精等操作技术，教会他们各项技术的操作要领，极大地提高了种蛋受精率，使种蛋受精率达 95% 以上，比平养自然交配种蛋受精率提高了 15 个百分点。该项技术的推广实施，不仅减少了公鸡的饲养量，节省了费用，而且进一步提高种公鸡的利用率，为农场增加经济收入预计达 100 万奈拉（合 2728 美元）。

此外，中国专家还开展鸡蛋孵化指导工作，指导农场技术员制订周密的孵化计划，认真校正、检验孵化器的性能，注意孵化管理的运行情况，同时通过照蛋、观察胚胎发育情况等措施，及时调节孵化温度、湿度，保证孵化的温度、湿度、通风、翻蛋等程序始终处于最佳范围。孵化场每周孵化两批 27 000 枚鸡蛋，出雏率 80%

以上。项目期间，孵化鸡苗 108 万羽，创产值 1 亿奈拉（合 27.28 万美元）。

▲ 中国专家指导设计蛋孵化水床

经验与启示

1. 国际合作是解决国家农业技术落后的重要途径

在中尼南南合作项目中，中国专家和技术人员在农田水利、农作物生产、畜牧水产养殖和农产品加工等多个领域为尼日利亚提供支持。双方的国际合作帮助尼日利亚加强了农业基础设施建设，提高了农业技术水平，从而有效保障其粮食安全，并推进农业现代化的发展。

2. 国际合作重视增强东道国的内生发展动力

贫困人口通过多种方式参加农业技术学习，不仅直接参加培训，还将学到的技术传授给身边的人，在学习、增收的过程中增强了内生发展动力。在中尼南南合作项目中，中方示范项目传播的技术、开展的各项能力建设已经在尼日利亚落地生根、广泛传播，有利于尼日利亚农业领域的长效发展，增强其内生发展动力。

产业孵化促进农村减贫

——农村商业发展服务计划为布基纳法索农村微型企业提供商业服务案例

案例类型：国际援助

关键词：知识共享，气候和环境，农业创新，农民组织

提交机构：国际农业发展基金

摘　要

农村商业发展服务计划是为解决布基纳法索的农村贫困问题制订的一项战略计划，通过提供培训服务、咨询服务、营销辅助、商业管理咨询和技术支持加强当地私营经济发展。根据该计划，建立了60个农村企业支持中心，为需要创收援助的微型企业提供主要联络服务。农村企业支持中心的设立增加了获取商业发展服务的机会，改善了当地农村私营经济增长的环境，促进了农村减贫事业的发展。

背　景

多数布基纳法索当地人依靠自给自足的农业模式生存。该模式往往不能为家庭提供较好的生活质量保障，但他们别无选择。该国微型企业因缺乏资源、技术及难以获得扩大和改善经营所需的关键服务，导致其发展受阻。为打破这些发展限制，农村商业发展服务计划设立了农村企业支持中心，为立志谋发展的个人和微型企业提供了业务发展途径。

项目实施

农村企业支持中心致力于帮助微型企业，也为那些帮助目标群体减贫的中小企业提供服务。

（1）农村企业支持中心提供的服务包括为新设立的微型企业提供支持，为企业提供获得适当技术及种植和加工咨询服务的渠道，为采用质量保证流程提供指导，提供营销支持，提供设备和机械采购指南等。

（2）农村企业支持中心还帮助微型企业相关人员获得公共和私人服务及职业培训。农村商业发展服务计划向农村企业支持中心提供初步的财政支持，以加强其网络建设并深化外联。此外，农村企业支持中心定期组织宣传活动，以培养农村企业家精神，并同当选的社区代表、意见领袖和价值链组织机构等相关方举行社区一级的会议，以提高其认识水平。会议还会将民众需求和待帮助领域等信息反馈给项目办公室。

（3）农村企业支持中心主要为希望扩大和提升的微型企业的有志者提供支持。该中心有完全自主权利定义其成本回收方法，但前提条件是他们向其他客户收取的费用须用来交叉补贴目标群体。该计划成功的关键在于农村企业支持中心以独立方式成功运作的能力及其所支持的微型企业的生存率。

成　效

（1）大部分服务提供者在财务自给自足方面取得了进步。得到支持的企业获得的中期贷款量增加，创造了大量全职工作机会，社区培训人员提高了教学技能。该项目所协助的12 000个农村业务环环相扣，从“经济发展卫士”（Champions of Economic Initiatives，布基纳法索的常用术语）到具有真正发展潜力的创收经济业务（特别是那些针对妇女和年轻人的业务），再到微型企业和微型企业组织，许多受益者实现了利润增收，从创收业务发展成了微型企业。

（2）该计划有助于推广新方法，对接小农经济及其相关公共和私人商品与服务，还极大地促进了针对农村微型企业（主要是从事生产的微型企业）的设立和发展而形成的公私伙伴关系模式，促进商业发展服务。农村企业支持中心帮助当地民众实现了收入稳定和多样化，并有助于成功建立和巩固农村微型企业，从而实现农村地区的就业增加和非农业收入提高。这一目标主要通过现有技术升级、新的加工和增值方式引进来实现。该计划还通过将微型企业纳入统一价值链挖掘企业生产的潜力，促进公平增长的同时创造就业机会，有助于减少农村人口向城市的迁徙，增加劳动者的劳动价值。

经验与启示

事实证明，农村商业发展服务计划具有巨大的复制推广潜力。

（1）通过邻近体系或农村企业支持中心向中小企业提供咨询服务，让他们产生持久的信任。

（2）农村企业家渴望创新，希望事业发展，所以常常需要外部支持，并愿意在为帮助其实现价值的服务上支付相关费用。

（3）管理、创业培训及适用的管理技术（如简化会计、工作组织等）是实现中小企业成功发展的重要因素。

（4）中小企业发展还面临资金获取困难的挑战。

（5）中小企业需要更好地获得市场和商业活动方面的信息，以便推销其产品和建立商业联系。

（6）某些管理技术的缺乏和关键岗位的长期空缺使项目的执行遇到困难。

（7）开始就将公共部门机构纳入计划，特别是其在提供职业培训等方面的支持。

2017 年 12 月 11 日，布基纳法索农业价值链促进项目（PAPFA，即农村商业发展服务计划的后续计划）提出的贷款和拨款获得批准。他们吸取了布基纳法索、几内亚、科特迪瓦和塞内加尔共和国实施农村商业发展服务计划的成功经验和教训。

衔接小农与市场

——以联合国世界粮食计划署“当地采购促进发展”计划为例

案例类型：国际援助

关键词：当地采购促进发展，消费扶贫

提交机构：联合国世界粮食计划署

摘　要

当前，小农生产了发展中国家的大部分粮食，以及亚洲和非洲粮食的80%，而他们仍处于极度贫困之中，且缺乏粮食安全保障。因此，赋予小农权利并加强其恢复力建设已成为战胜全球最严峻挑战的关键。联合国可持续发展目标2.3旨在到2030年将小农的产量和收入提高一倍。为实现这一目标，所有具有相关优势、专长和能力的参与者都采取各项行动，支持和投入国家扶持小农的相关工作。“当地采购促进发展（P4P）”计划是联合国世界粮食计划署（以下简称“世界粮食计划署”）

的一项长期计划，其试点工作始于2008年，并成为世界粮食计划署国家投入计划的核心内容。该计划将世界粮食计划署自身的购买力及在食品质量和物流方面的优势结合，为衔接小农与农业市场提供了解决方案。通过该计划，世界粮食计划署在27个发展中国家[1]改善了数百万小农，尤其是农业妇女的生计，并不断致力于加强小农农业可持续发展，促进小农进入正规市场。

背　景

当地采购促进发展计划试点工作启动时，全世界范围内正着手应对粮食和营养不安全的新形势可能带来的潜在危机，如粮食和能源价格提高、工业化国家经济停滞，以及对国家内部稳定的慢性影响。

在此环境下，农民，尤其是农业妇女，在生产能力和对接市场方面都面临严峻挑战。绝大部分小农缺少进入市场和获得投入的机会，而恰是这些资源能够极大程度地改善小农收入、就业和生活。如果农业妇女能够获得与男性同等的资源，全球饥饿人口便可以减少1亿～1.5亿人。目前，在小农主导农业价值链和农业区域的国家和地区，这一现状已成为农业发展决策者和从业人员亟待解决的问题之一。展望未来，只有提高小农生产力，为其消除发展屏障，使小农在全球粮食系统中具备竞争力，才有可能在2050年养活全世界90亿人口。该计划为实现这一需求和愿景提供了直接有效的途径。

[1] 27个发展中国家是玻利维亚、布基纳法索、布隆迪、中国、哥伦比亚、科特迪瓦、古巴、刚果民主共和国、厄瓜多尔、萨尔瓦多、加纳、危地马拉、几内亚、海地、肯尼亚、利比里亚、马达加斯加、马里、莫桑比克、尼加拉瓜、塞内加尔、塞拉利昂、苏丹、坦桑尼亚、乌干达、赞比亚和津巴布韦。

项目实施

1. 资源整合

当地采购促进发展计划试点工作的初始资金主要来自比尔及梅琳达·盖茨基金会。该基金会作为世界粮食计划署的重要合作伙伴，2008—2016 年共投资 7900 万美元，覆盖 10 个国家。其他主要投资有霍华德·巴菲特基金会向拉丁美洲地区捐赠的 2000 万美元、加拿大捐赠的 2800 万美元、比利时捐赠的 1300 万美元。试点工作的总投资金额超过了 2 亿美元。随着试点工作的推进，该计划逐渐成为国家计划中的主流，也因此在国家层面进行筹资。除了来自捐助国政府、基金会和私营部门的广泛捐助外，许多当地政府也不断为该计划提供资金支持。该计划试点工作长期以来由捐助国政府和基金会资助。然而，不但私营部门具备更强的投资动力，而且当地政府也希望利用自身的粮食需求支持本地农业发展和改善农民生计。

2. 组织与实施

世界粮食计划署总部的协调部门对当地采购促进发展计划进行全面监督，并负责资金的管理和分配。该部门的另一项核心职能是经验总结与管理，并向广大利益攸关方开展相应的宣传工作。该计划的全球协调员全面负责该计划的产出和成效管理。区域主任负责本区域内该计划的总体规划、整合和协调，并保持区域战略框架、政策和实践与世界粮食计划署的发展愿景相一致。区域主任对国家代表进行监督，并在其区域内提名该计划联络人。国家代表负责该计划设计、内容和实施的质量管理，并代表世界粮食计划署参与国家级协调论坛，进行项目介绍或促进相关伙伴关系。

项目具体实施过程：加强和拓展支持小农的竞争性投标

实践；直接向小农群体采购；签订小农的降低风险合同，为农民的规划决策增强确定性；制订支持小农的加工方案；伙伴关系和培训；监测和评估；政策咨询和宣传。

每个参与当地采购促进发展计划的世界粮食计划署国家办公室都需要制订详细的实施方案，内容包括计划开展的采购和市场开发活动；计划开展活动所依据的当地粮食援助项目；计划发展的合适伙伴关系，以持续增强农民群体进入市场的能力；制定将相关活动与国家粮食援助项目整合的战略；计划与其他参与方建立伙伴关系；明确国家政府和相关机构的定位；制订国家实施计划；明确国家办公室财务、物流、项目、脆弱性分析与测绘和采购部门官员及助理的职能，以确保该计划的成功落实；人员配置和能力影响；组织开展基线管理及监测和评估活动；假设和风险；预算。

3. 受益人如何参与当地采购促进发展计划运作模式

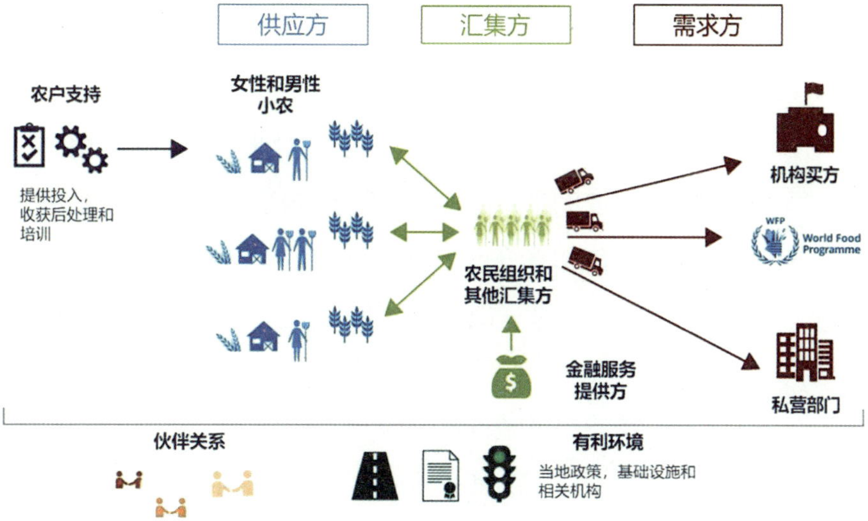

▲ 当地采购促进发展计划运作模式

当地采购促进发展计划通过三种途径向特殊人群提供帮助。一是在农户支持方面，帮助农民生产更多数量、更高质量和更有营养的作物。二是在汇集系统方面，致力于强化包括农民组织在内的包容性汇集系统，使小农能够共同经营，提高其议价和市场准入能力。汇集方的参与在买家和农户的联系中发挥了关键作用，也是该计划直接影响小农的有效方式，如农民组织、社区汇集点和贸易商等，能够帮助农民降低自身限制条件带来的影响，实现规模化经济，强化农户能力建设并使其获得投入和服务支持。三是在政府合作方面，与政府部门共同营造更有利的市场环境，引领农村地区贸易朝着活力、包容的方向发展。

成　效

当地采购促进发展计划解决了当前小农面临的复杂问题，并搭建了帮助小农走向市场的桥梁。更重要的是，该计划推动了不同领域的系统性变革，涉及小农采购、性别问题、农民组织、本地经济、市场体系和国家政府等方面。

1. 支持小农的采购方式

考虑到小农能力条件限制，该计划对世界粮食计划署的采购程序进行了一定的调整。这些措施包括允许小量产品的采购、免除履约保证金和竞争，以及对违约和交货延迟采取宽松处理。该计划还促进小农与包括公共和私营部门在内的其他买家建立持续联系。试点期间，世界粮食计划署在 20 个试点国家签订了小农友好的采购合同，计划购买 45.01 万吨粮食，总价值超过 1.77 亿美元。粮食采购合同由非政府组织和食品加工商等汇集方，通过商品交易所与仓单系统直接与农民组织和中小型贸易商签订。最终，合同总额的 81%，共计 36.46 万吨粮食交付世界粮食计划署。通过该计划采购的这些粮食主要用于世界粮食计划署在当地开展的学校供膳、粮食换资产、营养、难民援助或特殊群体的粮食援助等计划活动。另外，合同总量的19%，约8.55万吨粮食未履约交付，其主要原因与供应方能力有关。合同违约率的最高值为2011年的26%，试点工作的最后一年下降至9%。

埃塞俄比亚是试点中小农采购量最大的国家。世界粮食计划署通过合作社联合社调动了大量采购。马里情况也类似。合作社联合社通常具备高于初级合作社的能力水平，其大部分的农民组织都获得当地采购促进发展计划的支持，有较强的对冲违约风险能力。在马里，较为成熟的农民组织签订了远期交付合同，承诺分别于2010年向尼日尔、2011年向科特迪瓦的紧急运作项目供给粮食。埃塞俄比亚和马里远期交付合同的试点经验，使农民组织能够更好地开展规划、降低风险。同时，由于采购合同基于该计划的支持，可以将其用作担保使农民组织获得信贷。

▲ 乌干达农民正在处理收割后的高粱

实践证明，世界粮食计划署向小农购买粮食的举措对促进私营部门和机构市场的参与起到催化作用，能够推进小农采购的可持续发展。2008—2014 年，世界粮食计划署支持的小农还向世界粮食计划署之外的买方市场销售了价值超过 6000 万美元的产品。

2. 性别平等

当地采购促进发展计划通过更多地购买农业妇女能够种植和管理的作物、提供拖拉机和脱粒机等省时省力的设备，以及提高对性别平等优势的认识程度等支持小农举措，使妇女逐渐成为改造农业的积极参与者。2008—2016 年，该计划下促进性别平等和妇女赋权的各项活动，使世界粮食计划署支持的农民组织中妇女参与人数从 10 万人增至 30 万人。其中，48% 的农民组织领导职位由女性担任，每 100 万名妇女中有近 1/4 能够获得生产资源。

▲ 联合国世界粮食计划署培训马拉维的小农进行收获后种子的处理、分级、储存及装袋

3. 营　养

在世界粮食计划署的营养计划中，小农的农业生产活动是预防营养不良的关键所在，也是粮食、生计和收入的来源。在世界粮食计划署支持下，农民能够生产出许多营养食品，并在当地市场销售。一些小农目前种植当地作物的生物强化品种。

以阿富汗为例，世界粮食计划署与农民、磨坊及加工商合作，生产小麦强化面粉和高能量饼干。世界粮食计划署的支持工作覆盖了整个价值链，足以产生更为深远的效果和影响，为阿富汗的营养不良和粮食安全问题提供可持续的市场解决方案。

▲ 制作密封袋是玉米能够长期储存的关键

4. 农民组织

世界粮食计划署通过向农民组织提供用于存储的基础设施和设备，以及投入、培训和获得信贷的机会来加强农民组织的生产和汇集能力，减少了收获后的损失，并有效地将商品送入市场。2008—2014 年，当地采购促进发展计划支持了 1000 余个农民组织，小农人数达到 170 万人，生产作物总值约 6000 万美元。有影响评估显示，通过该计划的实施，萨尔瓦多、埃塞俄比亚和坦桑尼亚的农民组织的营销能力得到了大幅提升。

在布基纳法索，肥料土有助于农民组织生产有机肥，在保护环境的同时，提高农民组织的产量。在没有额外支出的前提下，有 2.5 万名农民接受了该项目培训，并使用 9.998 万袋 50 千克的有机肥，实现了约 4989 吨堆肥（每堆 3 吨）的产出。

5. 政府主导

在当地采购促进发展计划实施过程中，各国政府通过不同方式发挥着关键作用，包括通过国家指导委员会的协调工作加强农民组织及其成员的能力建设、参与小农采购并提供有利的环境等。事实证明，政府部门对发展可持续小农农业生产系统的承诺，在迅速提高生产力和市场容量方面至关重要。例如，卢旺达政府承诺通过由政府实施的普通当地采购促进发展项目，将从小农组成的农民组织中购买国家战略储备粮食需求的 40%。在赞比亚，国家学校供膳计划所需豆类作物的 30% ～ 50% 来自该计划支持的妇女农民组织。

6. 食品质量安全

向该计划支持下的小农进行采购，这一方式在世界粮食计划署解决食品质量安全问题工作中发挥了不可或缺的作用。

这些采购活动充分体现了通过预防和早期检测来解决质量问题根源的重要性，并使世界粮食计划署能够在倡导更完善的食品质量标准方面发挥主导作用。试点期间，小农符合世界粮食计划署食品质量标准的能力得到了显著提升。该计划采购中由质量问题导致的违约率从2010年的5%减少到2014年的0.5%。

7. 伙伴关系

支持小农的采购方式为公共、私营、学术和民间团体参与者的共同合作提供了驱动力，并利用各方投资有效地满足了小农需求并发挥小农潜力。围绕小农衔接市场这一方向，世界粮食计划署已建立了500多项伙伴关系记录，包括与其他设立在罗马的机构签订的35个国家级伙伴关系协定。

8. 普惠金融

通过当地采购促进发展计划，世界粮食计划署协助农民更有效地获得资金支持，并充分体现了促进惠及小农的普惠金融能够推动经济增长和减轻贫困，如在卢旺达向该计划支持的农民合作社提供的贷款额从2010年的5.6万美元增加到2013年的79万美元。

9. 世界粮食计划署转型

该计划催化了世界粮食计划署内部的转型发展。在该计划的复杂耗时、环境密切相关和操作难度高等挑战下，世界粮食计划署审查并强化了自身在采购、食品质量安全、人员配置和人力资源等方面的工作方式。这些经验可以被政府、私营部门和其他致力于支持小农采购的组织机构吸取采用。

10. 基础设施改善

为解决基础设施问题，该计划在必要时为农民组织提供社区存储设施、仓库及材料和设备（如脱粒机、收割机、蒸谷米加工机、聚乙烯袋缝合机、托盘、秤、防水油布及谷物水分测试仪等），不断完善基础设施建设。

该计划还参与农业领域以外的基础设施改善工作。在刚果民主共和国，该计划探索了如何通过改善基础设施促进农业发展，通过与当地政府、联合国粮食及农业组织和联合国伙伴关系办公室进行合作，修复了从农场到市场之间近 200 千米的公路。该项目与另一项由社区主导的 300 千米农村公路维护项目相结合，成功地将原先被隔离在外的农民与贸易商和高利润市场紧密联系起来。

经验与启示

当地采购促进发展计划的实施产生了一系列积极影响。然而，小农采购是一项复杂耗时且需要一定能力基础的活动。世界粮食计划署在该计划中面临的基本挑战是解决如何为小农生产的主粮作物创造更广阔的市场需求、如何保持与该需求相适应的供给水平、如何确保小农能够长期受益等问题。通过梳理该计划的实施和成效，总结经验如下。

1. 稳定的需求是推动可持续变革的关键因子

对各个国家的研究表明，当与小农签订较大采购量的合同、价格保持稳定且持续产生销售行为时，才被视为最成功的小农采购活动。为从需求角度产生实质性影响，必须为农民提供稳定且一致的市场需求。只有保障了市场需求的可预测性，才能激励小农的生产投入。

然而，世界粮食计划署自身采购需求并不能满足长期稳定且可预测性，因此，为保证小农采购工作能够产生持续影响和长期效果，必须加强与政府和私营部门之间的合作，充分调动各方采购需求，如国家学校供膳计划、医院、私营市场等，来促进小农发展。

2. 探索评估影响和衡量成果的新途径

当地采购促进发展计划除提高小农产量和收入外，具有更为广泛的成效并影响了整个市场体系，但这些成果却难以量化。以加纳为例，该计划形成了货物定价方式，为当地市场带来了系统性改变。在危地马拉和卢旺达等国家，各国政府通过该计划的实施改变了与农民的合作方式。

该计划等需求市场开发项目的广泛性和复杂性，对项目影响的定量评估方法提出了巨大挑战。因此，需要探索创新途径，去评估和衡量市场发生的系统性变化，以不断拓展成功的远景。

3. 为小农扶持工作营造更有利的环境

当地采购促进发展计划的另一个重要经验是，尽管能够有针对性地开展能力建设活动，但有时缺乏关键的有利条件仍然会带来潜在的负面影响。在该计划的有利实施环境中，最关键的因素主要与以下方面有关：农业基础设施的发展水平和质量（如公路和灌溉系统）；对主要公共产品的公共投资（尤其是研究和推广）；有利于小农友好农业投资的相关政策和法规（如土地所有权和合同执行）。

政策支持

有条件现金转移支付促减贫

——巴西家庭补助金项目

案例类型：金融扶贫

关键词：有条件现金转移支付，巴西家庭补助金项目

提交机构：中国国际扶贫中心

摘　要

巴西家庭补助金项目是世界上最大的有条件现金转移支付（CCT）项目之一，它直接面向每月人均收入低于 60 巴西雷亚尔（合 15.63 美元）的家庭，以及人均收入低于 120 巴西雷亚尔（合 31.26 美元）且家中有孕妇、哺乳期妇女或 15 岁以下儿童的家庭。到 2006 年年底，巴西家庭补助金项目累计惠及 1100 万个家庭，在促进巴西社会公平、减少贫困等方面取得了显著的成效。更重要的是，巴西家庭补助金项目通过将补助金领取与受益人必须满足的某些条件（如学校出勤率、接种疫苗和产前检查）挂钩，在打破贫困的代际转移等方面起到了

重要作用。巴西通过该项目在减贫和促进社会平等方面所取得的经验值得在全球范围内推广和借鉴。

背　景

财政转移支付作为扶贫脱贫的重要手段之一，在世界各国广泛运用，但是不加区别地直接向贫困户发放现金，容易“养懒汉”，造成贫困户“等、靠、要”的不良心态，资金也容易被贫困户或扶贫干部挪作他用，浪费扶贫资源。面对这些问题，有条件现金转移支付则是解决上述问题的法宝之一。

有条件现金转移支付，是指对贫困群体提供带有一定附加条件的现金补贴，前提是接受补贴的家庭必须将补贴资金用于子女在健康和教育方面的人力资本水平的提升或其他社会服务。已经有越来越多的国家开始实施有条件现金转移支付项目，特别是在拉丁美洲的一些不平等现象十分严重的国家，有条件现金转移支付项目被作为减少不平等、打破贫困代际传递的恶性循环、提高妇女和儿童健康水平、改善适龄儿童营养状况和提高儿童入学率的有效方法。在墨西哥、巴西等国，有条件现金转移支付项目作为提高社会安全网成效的一项措施，已经逐渐取代了瞄准性差且效果有限的其他补贴项目，大大提高了对贫困人口的瞄准度，收到了精准扶贫的效果。

截至 2010 年，拉丁美洲已经有 19 个国家实施了有条件现金转移支付方案，其中巴西是世界上有条件现金转移支付方案实施较早且覆盖范围最广的国家。有条件现金转移支付在 20 世纪 80 年代末和 90 年代初第一次在巴西的政策辩论中出现。直到 1995 年，巴西的两个城市决定开始实施第一个有条件现金转移支付方案。到 2001 年年底，家庭补助金项目覆盖了 5562 个市的 98% 的贫困家庭，使 480 万个家庭的 820 万名儿童受益，政府总计补助金额达到 7 亿美元。到 2006 年年底，该项目累计惠及 1100 万个家庭，在消除贫困与不平等方面取得了显著成效。

项目实施

巴西家庭补助金项目的设计、实施和财政投入均由巴西政府承担。为了更好地实现项目目标，首先在受助家庭的健康和教育方面设置了严格的补贴限制条件，旨在引导受助家庭将补贴用于人力资源的投资；其次，通过合理估算精确瞄准受助家庭，科学确定补贴实施方案；再次，国家根据贫困状况和财政实力，宏观调控转移支付总额；最后，避免贫困人口对政策依赖，保证项目成效的可持续性。

1. 设置补贴限制条件

巴西家庭补助金项目旨在引导受助家庭将补贴用于人力资源的投资，从而实现打破贫困代际传递的恶性循环的最终目标。因此，该项目在健康和教育方面设置了严格的限制条件，并建立了一套自上而下的监督体系，对没有达到条件的受助家庭及时做出处理。其中，最著名的限制条件是强制儿童入学接受教育，受助家庭中 6 ～ 15 岁的儿童必须达到 85% 以上学校出勤率，16 ～ 17 岁孩子必须达到 75% 以上学校出勤率。此外，限制条件还包括 7 岁以下的儿童定期到卫生所检查发育情况并接种疫苗，14 ～ 44 岁怀孕妇女接受产前体检和保健等。不符合条件的家庭将被停发 1 个月甚至数月的补助金，严重的还会被取消领取资格。

2. 精确瞄准受助家庭

巴西根据全国住户抽样调查结果，科学估算了补贴受助家庭的准入门槛。在宣传发动方面，巴西政府通过乡镇会议、报纸、电台、电视、互联网、学校、公告、家访等广泛宣传，使群众尽量充分了解项目的基本情况。为了优先保证最贫困人口，巴西政府颁布了有关法令，以规范报名、登记和筛选过程，增加了透明度。领取补助金的名额实行配额制，由巴西中央政府分配，潜在受益人在各市统一报名、登记，中央政府集中筛选，筛选过程接受社会公开监督，尽可能保证精确瞄准符合条件的贫困家庭。

3. 科学确定补贴实施方案

根据家庭补助金项目，巴西每月的有条件现金转移支付一般通过借记卡优先发放给家庭里的女人，因为她们会有较大的可能将钱花在孩子身上。国家提供了四种不同类型的转移支付方式，现金转移支付的数额取决于家庭中儿童的数量和家庭收入状况。对于极端贫困家庭，即每月人均收入 70 巴西雷亚尔（合 18.23 美元）以下，无论家庭成员情况，每月基本补贴都是 70 巴西雷亚尔（合 18.23 美元）。针对贫困和极端贫困家庭实行有差异的转移支付，如果人均收入高于 70 巴西雷亚尔（合 18.23 美元）低于 140 巴西雷亚尔（合 36.47 美元），且家庭中有 0 ～ 15 岁的学龄儿童或待产孕妇，每位儿童或孕妇可以获得 32 巴西雷亚尔（合 8.34 美元），每个家庭最多可以有 3 个受益人。另一项是针对青少年的转移支付，每名青少年可以获得 38 巴西雷亚尔（合 9.9 美元），每个家庭最多可以有 2 名受益青少年。此前，家庭补助金项目的覆盖范围是 15 岁以下的儿童和青少年。2008 年，随着新的法律提案通过，时任总统卢拉改变了年龄限制的规定，覆盖范围为 17 岁以下。

4. 国家宏观控制财政转移支付

家庭补助金项目成本均由巴西政府承担，政府根据国内的贫困状况和财政实力，科学估算补助范围，从宏观层面合理控制转移支付总额。以 2005 年为例，家庭补助金项目运作成本为国内生产总值的 0.8%，仅相当于联邦公共债务利息开支的 1/10，因此不会给政府财政带来过重负担。相反，补贴将刺激贫困家庭增加消费，拉动投资，形成经济的良性循环。

5. 避免贫困人口对政策依赖，保证项目成效的可持续性

家庭补助金只是一种临时性的缓解家庭贫困的方式，要保证贫困人口不会对此产生依赖，彻底摆脱贫困，根本的解决途径是让贫困人口获得稳定的工作。为了实现这个目标，长期来看，就是减少教育的不平等，注重人力资源的投资。中短期来看，项目补贴发挥类似小额贷款的作用，政府引导贫困人口形成“造血”能力，从而保证减贫和消除社会不平等的持续效果。

成　效

1. 缓解社会不平等

对中等收入国家来说，现金转移支付项目对缓解社会不平等的作用比提高国内平均收入的作用更显著。1995—2004 年，巴西的基尼系数下降了 4.7%，这一下降的 21% 都可归功于家庭补助金项目。

2. 减少贫困人口数量

现金转移支付项目同样对减贫产生了巨大的影响，特别对减少极端贫困。对于人口中最贫穷的 5% 而言，现金转移支付占他们总收入的 10%，甚至更多。2006 年家庭补助金项目的

投入相当于巴西国内生产总值的 0.5% 和政府总支出的 2.5%，而受益人口却达到 4400 万人，贫困人口到 2006 年年底减少了 27.7%。截至 2014 年，通过该项目，巴西政府向贫困人口提供生活补贴、免费教育和医疗等资助，已有 1380 万个家庭、5000 万人口从中获益，覆盖约巴西总人口的 1/4。该项目在降低极度贫困人口比例方面取得了显著成效。

3. 阻隔贫困的代际传递

家庭补助金项目显著提高了儿童的学校出勤率。巴西政府通过该项目向贫困儿童的母亲发放一定限额的现金补助，条件是他们需要让自己的孩子保持在学校学习，不得辍学。这既能督促父母让孩子就学，又能为家庭带来补贴。2010 年的调查数据显示，参加该项目的儿童的学校缺勤率要比一般儿童低 3.6 个百分点。同时，他们辍学的可能性也比没参加项目的儿童低 1.6%。

4. 提高儿童的营养水平

调查结果显示，家庭补助金项目对减少 0 ～ 5 月龄儿童的清瘦现象及 6 ～ 11 月龄儿童身高增长迟缓问题发挥了重要作用。该项目在促进儿童，尤其是贫困儿童的营养健康方面起到了积极的作用，有效地促进了儿童的健康成长。

5. 提高劳动力就业率

家庭补助金项目主要瞄准那些参与或可能参与到就业市场，但收入一直很低的家庭。评估发现，在劳动力市场上，项目家庭中的成年劳动力就业率比非项目家庭的高出 2.6%。这种影响还存在性别差异，受惠女性的劳动力就业率比男性高 4.3%。因此，家庭补助金项目的实施并未使贫困家庭的劳动力产生依赖而懈怠工作，而且增加了劳动力就业率。

经验与启示

1. 现金转移支付应设置一定的条件

巴西政府把领取救助金与儿童的教育和健康挂钩，领取家庭补助金的前提条件是必须保障家里的孩子上学，并且定期接受健康检查。与儿童教育和健康挂钩，既是巴西家庭补助金项目的一大特色和亮点，也是这种扶贫模式的重要经验。

2. 补助金直接发放到家庭，方便灵活

享受家庭补助金的家庭必须持身份和收入证明在当地政府登记，并且每两年重新登记一次。巴西政府发给符合条件的家庭一张银行卡，每月定时打入补助金。持卡人可以到银行提取现金，也可以到任何超市和商店进行购物。这种把联邦政府的社会救助金直接发到救助对象手中，不仅方便救助对象灵活使用，而且极大地避免了救助金被地方官员贪污挪用的可能。

3. 有条件的现金转移支付应注意控制规模和成本，避免给国家增加财政负担

巴西家庭补助金项目已被多国借鉴实施。从国家层面来说，合理控制政策成本是非常重要的。巴西财政每年拨款给家庭补助金项目 65 亿巴西雷亚尔（合 17 亿美元），仅占联邦政府预算的 2.5%、占巴西家庭总收入的 0.69%、占巴西国内生产总值的 0.5%，但惠及整个贫困阶层，在人口不足 2 亿人的巴西，有 1200 多万个家庭领取这一教育补助。

设立防返贫保险杜绝贫困增量

——以中国太平洋财产保险股份有限公司“防贫保”为例

案例类型：金融扶贫，保险扶贫

关键词：防贫保，太平洋产险

提交机构：中国太平洋财产保险股份有限公司

摘　要

贫困人口随时面临返贫的风险。中国太平洋财产保险股份有限公司（简称“太平洋产险”）以河北省邯郸市魏县为试点，探索“防贫保”精准防贫模式，提供覆盖因病、因灾、因学三大致贫因素的保险保障，创新保险产品、理赔服务、业务模式，并独创“四看一算一核实一评议”和“四级联动七步工作法”。“防贫保”作为首个精准防贫保险项目，解决了因病、因灾、因学致贫返贫的难题，为研究、建立稳定脱贫长效机制提供了途径。该项目实施一年来，率先参保的河北省邯郸市魏县取得突出成效，已于2018年9月正式脱贫出列，摘掉国家级贫困县帽子。“防贫保”的意义在于揭示了减贫工作也需要聚焦新增贫困问题，并提供了一种解决此类问题的办法。

背景

魏县位于河北省南端，是河北省邯郸市下辖县，总人口106万，是河北省第一人口大县，也是国家扶贫开发工作重点县。魏县成为“贫困县”已经30多年，有3万多户一直处于贫困状态。近年来，魏县加大精准扶贫力度，在针对建档立卡户的定向扶贫中取得成效，但是从实际实施效果看，虽然贫困存量有效减少，但贫困增量问题一直难以解决。根据魏县2015年贫困户数据显示，有56.11%的贫困户是因病致贫、因意外致残致贫、因学致贫和因灾致贫。从更大的范围看，邯郸市从2014年至2016年因病、因灾、因学导致新增贫困和返贫人口为6万，这极大地影响了脱贫目标的实现。因此，探索稳定脱贫长效机制，杜绝反复脱贫反复贫成为魏县扶贫防贫工作的重点之一。2017年6月，邯郸市扶贫开发领导小组下发《关于开展精准防贫试点工作的实施意见》，将魏县、馆陶县列为“精准防贫”试点县域。在此背景下，太平洋产险以河北省邯郸市魏县为试点，探索通过保险机制解决新增贫困和返贫问题，消除贫困增量。

项目实施

太平洋产险在调研基础上提出“防贫保”项目设想，形成保险产品、保险服务、理赔处理的细化方案，并与魏县政府进行反复磋商。最终，魏县扶贫开发办公室与太平洋产险河北分公司正式签订合作协议，逐步提炼出“四看一算一核实一评议”“四级联动七步工作法”等特色的工作模式，为辖内所有非贫困户构建防贫保障网，实现减贫不增贫的目标。

1. 政府主导，多方机构参与

政府扶贫部门是政策制定者和实施监督者；保险公司是防贫保项目的风险承担者和服务提供者；医疗保险、教育、民政、交警、基层政府是风险信息的提供者。

2. 政府支付保险费，保险公司收取保费，并以保险赔偿的形式发放防贫救助金

2017 年，在魏县财政防贫预算项下提取 400 万元（合 59.32 万美元）资金投保“防贫保”。保险公司按照 15% 计提运营成本，其余 85% 全部用于防贫保险补偿金的发放。2017 年年底，实际出险、发放资金为 214.59 万元（合 31.83 万美元），年内剩余资金 125.41 万元（合 18.6 万美元）结转至 2018 年，仍然用于防贫资金的专款发放。

3. 确定保险对象

“防贫保”的风险测算是以抗风险能力弱、真正面临贫困威胁的人群为基础，聚焦“两非”人群，即收入不稳的已脱贫户和不在建档立卡范围内的低收入户。

4. 设置两条线动态监控

两条线，即“预警监测线”和“防贫保障线”。对保险对象因病、因学、因灾个人花费部分进行动态监控，当发生大额支出达到预警监测线时，即将其纳入防贫重点对象监测范围。通过监测发现该对象已经触达防贫保障线，即人均可支配收入低于上年国家贫困线 1.5 倍以下时，将其列为防贫救助对象，在防贫保项下赔偿防贫救助金，使其实际经济状况再次升至预警监测线以上。

5. 合理选择保障范围

保障种类主要有以下 9 种：疾病住院补充医疗保障、意外伤害住院医疗保障、住院自费医疗项目保障、意外伤害残疾保障、意外伤害身故保障、疾病身故保障、重大疾病保障、特定致贫费用（学费）保障、家庭财产损失保障。

6. 通过“四看一算一核实一评议”实现精准核查

区别于传统保险以自然灾害、意外事故等特定事件发生为理赔触发点，“防贫保”只有在病、灾、学事件发生且保障对象因此达到防贫扶助标准时，才对其进行赔偿。为准确核查相关人员的经济状况，太平洋产险在实践中独创了“四看一算一核实一评议”理赔模式。“四看”，即看儿女抚育和赡养情况、看家庭资产、看住房条件、看日常生活条件；“一算”，即算收入；“一核实”，即核实名下房产及车辆情况；“一评议”，即在村、镇两级进行公示和评议，最大程度保证款项发放的公平、公正。

▲ 太平洋产险理赔人员入户核查

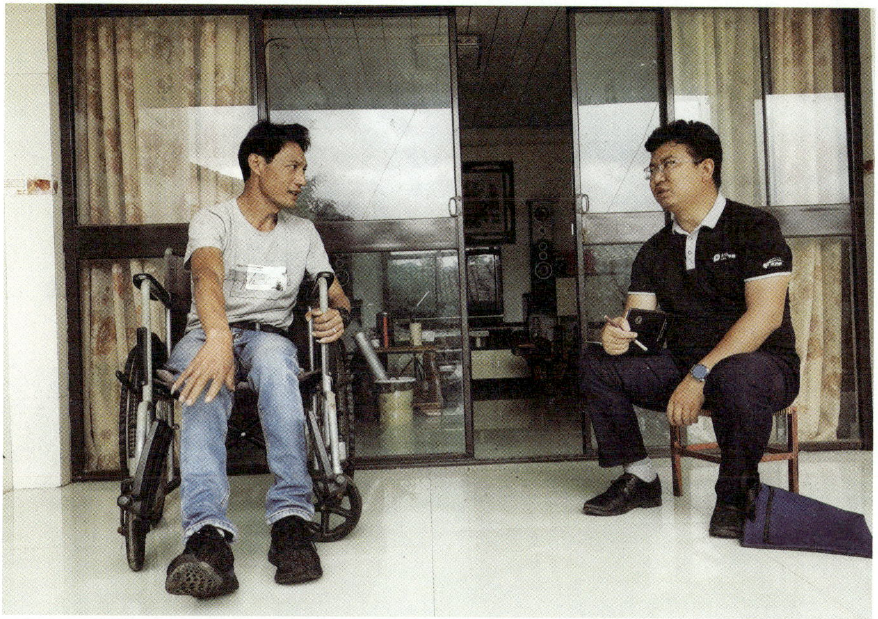

▲ 太平洋产险理赔工作人员入户调查

7.“四级联动七步工作法”提高工作效率

为了让防贫对象第一时间获得补偿，太平洋产险与政府部门研究制定了简便顺畅的操作流程，从信息收集、情况交办、调查核实、结果反馈，到公示评议、审批备案、资金发放，形成了政府行政机构的县、乡、村和作为第三方的保险公司“四级联动七步工作法”，大大提高了工作实效。

流程	因病防贫	因学防贫	因灾防贫
第一步：个人申报	住院群众每周一向所在村两委提出申请，乡镇初步审定后，报县防贫办	困难学生在每月底向所在村两委提出申请，乡镇初步审定后，报县防贫办	受灾群众在每月底向所在村两委提出申请，乡镇初步审定后，报县防贫办
第二步：情况交办	防贫办在接到乡镇相关材料后，转交保险公司进行调查核实		
第三步：调查核实	保险公司查勘人员前往申请人家中及医院、交警队、银行等单位进行调查取证（填写入户调查表），并将调查结果及时报送县防贫办	在接到材料后对需救助学生家庭情况进行调查，并将调查结果及时反馈给县防贫办	在接到材料数据后，对需救助受灾人员相关情况进行调查，并将调查结果及时反馈给县防贫办
第四步：结果转交	县防贫办将保险公司调查结果转交所在乡镇		
第五步：公示评议	所在乡镇将调查结果分解到村，进行评议、公示，为期5天，并将评价记录、公示照片等反馈县防贫办		
第六步：审批备案	对评议、公示无异议的，县防贫办对乡镇上报结果进行审批备案，并通知保险公司进行补偿		
第七步：支付补偿	按核定标准支付补偿款项，并将最终补偿凭证反馈县防贫办		

▲“四级联动七步工作法”的操作流程

▲ 防贫保险救助金发放仪式

成　效

1. 创新了保险行业参与扶贫工作的模式

不同于已有扶贫保险以建档立卡贫困户为保障对象，“防贫保”聚焦处于贫困边缘的农村低收入户和人均收入不高不稳的脱贫户两类临贫易贫人群，发挥“近贫预警”和“骤贫处置”作用。在实务中，防贫对象不事先确定、不事先识别，原则上也不重新建档立卡，而是按照防贫预警线实时监测进行框定，力求简便手续、应保尽保。初期，按农村非建档立卡户数的一定比例估算保费，当保费不足时进行动态调整。

2. 对容易陷入贫困的人口提供了切实的保障，增强了抗风险能力

“防贫保”聚焦解决贫困增量问题，为辖内居民提供兜底保障，在超过个人风险承受能力时通过保险保障解决致贫问题，使全体居民始终远离贫困线，最终促使整个社会的抗风险能力提升。

真实故事

高连所今年60岁，一家5口人，原来是魏县东代固村的建档立卡贫困户。后来，高连所的儿子开始在本村做建筑工，一年下来能有大约1.8万元（合2700美元）收入；儿媳一边在家照顾上学的孩子，一边打理家中的3亩地，每年也能有3000元左右（合444.93美元）收入。这样算下来，高连所一家人均年收入为4200元（合622.91美元），按照魏县在2016年确定的人均2952元（合437.81美元）的标准，实现了脱贫。

然而，好景不长。2017年8月，高连所被确诊为肺癌，在邯郸市第一医院肿瘤医院住院治疗。他的医疗费用总额将近19万元（合2.82万美元），其中自费部分为7万多元（合1.04万美元）。高连所一家重新陷入贫困。

受益于“防贫保”项目，根据魏县2017年人均3200元（合474.59美元）的脱贫标准，“防贫保”框定保障对象的标准是4800元（合711.89美元，3200元的1.5倍）。高连所一家人均年收入4200元刚好在这一范围内。经保险公司入户调查，高连所符合防贫保险金的发放条件，最终得到保险救助金5.3万多元（合0.79万美元），从而有效避免了因病返贫。

经验与启示

减贫工作也需要聚焦新增贫困问题。“防贫保”的特点是聚焦并动态监控新增贫困问题。区别于解决已有贫困人口问题的滞后性，“防贫保”建立了一个事先预警与干预机制，使人民群众一直处于防贫防护网之下，能够始终脱离贫困困扰，因此，“防贫保”项目具有更广泛的适用性和更长远的应用价值。

改善金融扶贫模式助推贫困地区产业发展

——以河南省三门峡市"卢氏模式"为例

案例类型：金融扶贫

关键词：卢氏模式，产业发展，三门峡市

提交机构：三门峡市扶贫开发办公室

摘　要

金融扶贫可以为贫困地区产业发展提供资金支持，有效解决产业发展资金不足问题，是促进贫困群众增收的重要措施，但金融扶贫在实践中的主要问题有三个：一是银行网点少，办理操作相对较难；二是金融机构因风险大，放款意愿低，信用贷款不好办；三是即使贷款成功，贫困群众难以选择合适的产业项目，无法实现资金的有效转换。为解决这些问题，河南省三门峡市围绕扶贫小额信贷政策落地，初步探索出金融扶贫"卢氏模式"。该模式以县服务中心、乡服务站、村服务部建设为载体，构建了金融服务体系、信用评定体系、风

险防控体系和产业支撑体系，对地区减贫起到了巨大的推动作用。可供借鉴的经验主要有三点：一是建立产业和金融结合机制，通过产业发展实现贫困群众脱贫增收；二是实施“1+1”带动贫困户发展机制，激发贫困群众内生动力，让其持续增收、稳定脱贫；三是加强金融动态监管和风险预警，完善风险防控机制。

背 景

河南省三门峡市地处豫西丘陵山区，贫困人口多，贫困面积大，贫困程度深。截至2018年年底，三门峡市因缺资金致贫人数占贫困人口总数的12.51%。

为解决上述问题，2017年以来，河南省三门峡市紧紧围绕扶贫小额信贷政策落地，初步探索出金融扶贫“卢氏模式”，建立了金融扶贫县乡村三级服务体系、信用评定体系、风险防控体系和产业支撑体系。金融扶贫“卢氏模式”受到上级肯定，三门峡市建立“三项机制”，激活金融扶贫源头之水，在国务院第五次大督查中受到通报表扬，是入选的130项地方典型经验做法中唯一的金融扶贫典型。

项目实施

从2017年起，三门峡市围绕扶贫小额信贷政策落地，探索形成了金融扶贫的“卢氏模式”，构建了金融服务体系、信用评定体系、风险防控体系和产业支撑体系，对地区减贫起到了巨大的推动作用。

第一，为了解决“银行网点少、办理操作难”问题，在各县（市、区）构建金融扶贫服务体系。该体系分为三级：县金融服务中心、乡金融服务站、村金融服务部，相关工作人员分别来自各级党委政府和金融机构。县级服务中心主要对本地区金融扶贫负总责，承担申贷督办、风险防控等 11 项职责；乡级服务站主要承担申贷审核、信息整合等 8 项职责；村级服务部主要承担信息采集、申贷受理等 6 项具体职责。县、乡两级服务机构的办公经费由县级财政承担，村级服务部经费列入财政预算，贫困村每年拨付 5000 元（合 742.62 美元），非贫困村按人口每年拨付 2000 元（合 296.65 美元）以上。

▲ 三门峡市陕州区张汴乡窑底村金融服务部现场办公会

第二，为了解决“信用贷款不好办”问题，创建信用评定办法。由三级服务机构组织金融办、银监分局、主办银行等部门共同参与，对全市所有贫困户、非贫困户和新型经营主体全面开展信用评级授信。评级标准以诚信为主要条件，按照

“善行加分，劣迹扣分，黄赌毒等一票否决项不授信”的原则，量化打分，把信用综合得分与信用等级、贷款额度挂钩，根据综合得分对信用评定对象授予不同信用等级。根据不同等级，对贫困户与新型经营主体分别授予不同的贷款额度，贫困户贷款额度为 5 万～ 20 万元（合 7500 美元～ 2.97 万美元），新型经营主体贷款额度为 50 万～ 300 万元（合 7.42 万～ 44.50 万美元）。

第三，为了解决“金融机构因风险大有顾虑”的问题，建立风险防控体系。一是共担风险。贫困县采取“政府 + 银行 + 担保公司 + 再担保”模式；非贫困县采取“政府 + 银行 + 保险公司”模式。二是补偿风险。设立银行和保证保险“两个风险补偿资金池”，各县（市、区）根据贫困人口规模及放贷额度计算，分别设立资金不等的风险补偿资金池，为金融扶贫贷款银行提供风险补偿。三是监管风险。由县、乡、村三级金融扶贫服务机构负责，构建安全网，对贷款全过程进行动态监测。四是熔断风险。对扶贫贷款不良率超过 5% 的村，实行“贷款熔断”；对乡镇中有 30% 以上的村被熔断的，停止向该乡镇群众贷款。五是转嫁风险。市、县两级财政为未脱贫人口购买大病兜底医疗保险和意外伤害保险，同时积极开发适合贷款户和新型经营主体需求的香菇等特色产业保险，为贫困群众利用金融扶贫贷款发展产业提供支持。

第四，为了解决“贫困群众产业项目选择难、不会干”的问题，做好产业支撑体系。建立“金融 + 特色产业”“金融 + 产业扶贫基地”“金融 + 新型经营主体”“金融 + 产业项目”四种产融结合机制，将金融扶贫与产业深度结合发展，小额信贷全产业链条深入参与。一方面，立足资源优势，围绕特色农业和农村第一、第二、第三产业融合发展，持续稳定投入金融扶贫资金；另一方面，重点支持贫困群众发展投资少、见效快、效益高的种植、养殖和农产品加工等产业项目，实现稳定增收。

▲ 三门峡市湖滨区建档立卡贫困户通过扶贫小额信贷发展葡萄种植

同时，探索“1+1”带动贫困户发展机制。对于因产业基础薄弱而贷款意愿不足的贫困户，立足传统农业和小农经济，实施非贫困户带动贫困户“1+1”合伙发展。贫困户跟着非贫困户打工赚钱学技术，合伙经营共同发展，同时非贫困户享受免抵押、免担保、执行基准利率上浮不超过 12%、县级财政贴息 3% 的金融扶贫扶持政策。立足现代农业和市场经济，实施新型经营主体带动贫困户“1+1”合作发展。通过发挥新型经营主体的资金、技术和市场优势，带动贫困户学技术，持续稳定增收脱贫，同时带贫新型经营主体享受县级财政贴息 3% 的扶持政策。

▲ 三门峡市西王村非贫困户朱跃峰带动贫困户朱昌池在蔬菜大棚内劳动

成 效

2017 年以来，河南省三门峡市投入金融扶贫资金 15.45 亿元（合 6.74 亿美元），发展林果种植 24.55 万亩、中药材种植 25.58 万亩、食用菌种植 1.91 亿棒，发展设施农业 6915 亩。

▲ 三门峡市卢氏县汤河乡利用金融扶贫资金种植的高山皇菊喜获丰收

此外，投入金融扶贫资金1.91亿元（合0.28亿美元），撬动社会资金14.63亿元（合2.17亿美元），实施产业扶贫“百千万”工程（建设100个扶贫培训基地、1000个扶贫产业就业基地、10 000个产业增收大棚），截至2018年年底已建成扶贫培训基地108个、扶贫产业就业基地1056个、产业增收大棚10 837个，直接带动2.1万人就近就业增收脱贫。

截至2018年年底，三门峡市累计投放非贫困户带贫困户“1+1”贷款1592户、7905.2万元（合1172万美元），企业和新型经营主体金融扶贫贷款135 514万元（合2.11亿美元），带动13 004户贫困户增收脱贫。

真实故事

卢氏县潘河乡卢氏沟村的陈正旺曾在打工时遇到突发事故，落下了终身残疾，他的妻子左眼失明，两人育有一儿一女。2016年年初，陈正旺家被识别为建档立卡贫困户。在金融扶贫“卢氏模式”实施后，他申请扶贫小额信贷5万元（合7415.54美元），发展白芨和蔬菜种植，收入近30万元（合4.45万美元）。在陈正旺的带动下，卢氏沟村已有多户村民开始种植白芨，他也成了大家的“技术顾问”。

经验与启示

河南省三门峡市围绕扶贫小额信贷政策，以构建金融服务体系、信用评定体系、风险防控体系、产业支撑体系为主要内容，以县服务中心、乡服务站、村服务部建设为载体，探索出了金融扶贫的“卢氏模式”，收到了良好的效果。

建立产业和金融结合机制，通过产业发展实现贫困群众增收脱贫。产业是贫困户脱贫致富的方式，金融是产业发展的手段，把扶贫小额信贷精准用于贫困户发展生产或能有效带动贫困户脱贫致富的特色优势产业，以产业发展激活金融扶贫，以金融扶贫支撑产业发展，才能发挥扶贫小额信贷的综合效应。

实施“1+1”带动贫困户发展机制，激发贫困群众内生动力，使其持续增收、稳定脱贫。对于有劳动能力、有产业项目的建档立卡贫困户，通过户贷户用户充分激发其内生发展动力脱贫致富。对于产业基础薄弱而贷款意愿不足的贫困户，通过非贫困户和新型经营主体的带动，帮助贫困群众融入产业链条，增强其产业发展能力和抵御市场风险的能力。带动贫困户发展机制坚持贫困户参与、贫困户发展、贫困户受益的原则，通过金融资金的注入使贫困户融入产业发展并长期受益。

加强金融动态监管和风险预警，完善风险防控机制。将防范金融风险由“被动”变为“主动”，建立研判分析、风险预警、监管服务等机制，通过县、乡、村三级服务体系对贷款全过程进行动态监测，加强扶贫小额信贷贷后风险监管，确保不发生金融风险。

抵押机制创新为小农户解决贷款难

——以巴拉圭储蓄存单机制为例

案例类型：金融扶贫

关键词：农村群体，储蓄存单机制，金融市场

提交机构：国际农业发展基金

摘　要

由于传统棉花生产方式的生产率逐渐下降，巴拉圭的小规模生产者和农场主、原住民、农村妇女和工人经常遭遇困境。他们缺乏适应新技术和开展多样化生产活动所需的经济或技术能力。因此，该国建立了储蓄存单这一创新机制。在巴拉圭的农村组织申请贷款时，这些储蓄存单用作担保，无须提供实物抵押品。

背　景

在巴拉圭，小农场主、生产者、妇女和其他农村群体都受到了棉业生产率下降的影响。在帮助巴拉圭农村贫困人口的工作中，面临的主要问题是贫困人口缺乏或缺少接触和获取金融服务的机制，特别是在农村地区。为了帮助改善这种状况，需要推动这些贫困人口接触各种金融机构服务，并避免市场扭曲，使他们更便利地获得信贷，消除障碍和限制（如贫困农户难以获得担保）。

创新的储蓄存单机制为他们提供保障，可为他们申请优于市场利率的贷款。

项目实施

目标地区的大部分受益人是合作社社员、定居点群体和居委会成员，他们寻找商业机会和管理可用资金的能力极弱，甚至缺乏这种能力。而农村贫困人口缺少社会资本这一问题，则主要体现在制度能力和管理能力的低下及经济与金融资源管理知识的缺乏上。

（1）生产者组织的能力建设是工作的第一步。现有农民组织缺乏技术和管理知识，难以利用现有资金或商业机会。培训和协助有助于增加他们的社会资本。

（2）将农村组织与正式信用系统对接起来，以使他们获得贷款满足流动资金需求。通过储蓄存单机制，小农户、家庭农场主、妇女、工人和其他农村群体可以低于市场利率的成本从金融机构获得贷款。然而，此时面临的一个关键问题是缺乏抵押品。为解决这一问题，该项目开发了一套创新系统，允许小农户通过储蓄存单获得商业信贷。农户组织将储蓄存单作为抵押品，以适当的利率获得批发信贷，然后以个人贷款的形式转发给他们的成员。这有助于降低小农户的借款成本，最多可比金融市场标准利率低 50%。

（3）为了利用资源并提升信贷的获取能力，项目还采取了进一步的创新机制，如由组织管理资金、形成促进商业化的网络等。此外，农村贫困人口社会资本的积累也使他们的组织获得了金融和技术资源。

成　效

（1）储蓄存单的作用十分有效。在采用储蓄存单的地区，有 55% 的受援助家庭实现了增收。从减贫角度而言，这意味着 6192 个家庭中有 4450 个家庭脱离了贫困。生产技术的充分使用、资源获取过程中成本的节省及在零售市场中更好的议价能力，这些都转化为增收，而且与利用储蓄存单以可负担条件获得商业信贷之间是直接相关的。

（2）金融资产的积累及机构信贷和金融服务的可获得水平受储蓄存单影响。受益于储蓄存单，农户组织的商业计划获得了担保资金，这样共有 227 个组织能够获得信贷。为了更好地利用所提供的贷款，这些组织得到了技术协助和额外培训。

虽然在实现原定目标的过程中取得了巨大的成功，但储蓄存单的推广还是遇到了一些困难，如部分参与金融机构的杠杆率水平较低，仅按储蓄存单金额提供 1∶1 信贷；经营利润率过高；储蓄存单仅限于获得流动资金贷款，获得其他金融服务的作用有限。

（3）2017 年发布的一项独立研究确认了储蓄存单机制的有效性和可持续性。研究发现，在项目完成 3 年后，约 47% 的参与组织继续使用这些资金向其成员提供贷款，33% 的组织将资金用于生产性投资和投入，20% 的组织由于贷款违约放弃了储蓄存单。如果项目部分后续工作能有政府的参与，那么预计成效将会更加显著。

经验与启示

农户组织的建设需要时间，同样储蓄存单相关计划的可持续性和完全巩固也需要充足的时间。在计划实施6年后，约一半的农户组织要求提供技术协助和培训，以更好地继续利用贷款并努力促进储蓄存单资金使用有效性的提高。

考虑到农村地区大量的信贷需求仍未得到满足，储蓄存单计划将会有巨大的推广空间，而且目前还可对通过储蓄存单获取信贷的机制和经验加以深化，并开发针对农村贫困人口（包括土著居民）的金融服务。巴拉圭连续两届政府均表示希望在公共政策中运用储蓄存单机制并将其推广。巴拉圭农业和家畜部已对采用某些成功的创新方法（特别是储蓄存单）表现了强烈的兴趣。

可持续发展

加强基础设施建设促进农业产业发展

——国家开发银行斯里兰卡莫拉格哈坎达灌溉项目

案例类型：可持续农业

关键词：斯里兰卡，莫拉格哈坎达灌溉项目，农业发展

提交机构：国家开发银行广西壮族自治区分行

摘　要

农业是斯里兰卡在经济和就业方面的主导产业，但由于受到内战、地理、气候等因素的影响，其农业发展面临旱涝交替、水资源和电力设施分布不均等问题，当地农民因此一直饱受干旱和洪涝灾害的危害，严重影响了生产生活水平和国家的农业发展。为解决上述问题，斯里兰卡政府实施了该国最大的水利枢纽工程——莫拉格哈坎达灌溉项目。由于受长期内战、施工地质条件复杂、融资渠道单一等因素影响，该项目迟迟无法开工。国家开发银行广西壮族自治区分行以市场化手段构建融资机制，通过与政府、企业合作支持该项目的实施，对提高

斯里兰卡农业的现代化水平、促进中斯减贫合作发挥了重要作用。该项目有以下三点成功经验：第一，制定规划，通过中斯扶贫规划对接引领扶贫事业发展；第二，银行与政府合作，将银行的融资优势与政府的组织协调优势有效结合；第三，银行与企业合作，强强联合，加快推动项目实施。

背 景

斯里兰卡于2009年5月结束了长达30年的内战，国内经济、基础设施等方面发展严重滞后。斯里兰卡紧邻赤道，属热带季风性气候，时常发生极端干旱和洪涝灾害。斯里兰卡的水资源地区分布不均，较集中于西南部地区，而中部、北部省和东部省提供不了农业灌溉用水及充足的饮用水。此外，由于受到内战影响，斯里兰卡的电力设施分布严重不均，东北部电力短缺。农业是斯里兰卡在经济和就业方面的主导产业，上述因素严重影响了当地农民的生产生活水平和国家的农业发展。

为加快国家战后重建、解决民生问题、提高农业现代化水平，斯里兰卡政府实施了该国最大的水利枢纽工程——莫拉格哈坎达灌溉项目。该项目地处斯里兰卡中部省东北部，该地既是原内战的冲突地区，也是受季风影响的干湿分明、缺乏灌溉用水和饮用水的旱区。国家开发银行抓住斯里兰卡政府的这一热点工程，以市场化手段构建融资机制。项目的具体实施由国家开发银行广西壮族自治区分行负责。

项目实施

莫拉格哈坎达灌溉项目连通斯里兰卡中北部地区，利用较大的库容将雨季的贮水调节到旱季使用，中部的水调节到北部使用，可以彻底改变中部省靠天吃饭的原始农业状态。该项目通过修建服务于灌溉、给水和发电的多功能大坝提高农业生产率，提供安全的生活用水和工业用水，提高当地居民的用电质量和稳定性，以及改善严重干旱地区居民的生活，并扩建北部主要省份的灌溉系统。国家开发银行通过与斯里兰卡政府、中国水电建设集团国际工程有限公司合作，帮助斯里兰卡成功实施该项目，有效支持其恢复重建和社会、经济、农业的发展。

项目包括灌溉、给水和总装机为25兆瓦发电的多功能建筑物，由主坝、副坝、发电厂房、灌溉取水及渠道、输电线路等工程组成。斯里兰卡莫拉格哈坎达灌溉主坝坝顶长470.61米、最大坝高58.7米，副坝坝顶长375.43米、最大坝高63.5米，库容为5.2亿立方米。

▲ 项目建设前

▲ 项目建成后

1. 银行与政府合作，提前制定规划，将项目纳入双方合作计划

2011 年，国家开发银行与斯里兰卡财经计划部（现更名为“斯里兰卡财政与经济事务部”）就开展国民经济综合、城市、旅游、工业、能源、交通等领域的规划咨询合作达成共识，并签署《规划咨询合作框架协议》。在规划编制过程中，国家开发银行向斯里兰卡提出了“加大对东北部干燥地区农业水利灌溉系统的重建、改造和新建的投入”的建议，并在规划报告中将莫拉格哈坎达灌溉项目纳入合作提议，奠定了国家开发银行与斯里兰卡政府的良好合作关系。2012 年，国家开发银行正式向斯里兰卡政府提交《斯里兰卡国别规划报告》，帮助斯里兰卡谋划交通、水利、旅游等重要产业布局，并融资推动规划项目的转化和实施。

2. 银行发挥大额中长期贷款的优势，落实融资需求

斯里兰卡政府从 2001 年就开始对莫拉格哈坎达灌溉项目进行可行性研究，但由于受内战持续、施工地质条件复杂、融资渠道单一等因素影响，项目迟迟无法开工。斯里兰卡政府的

融资需求迫切。项目总投资为 2.52 亿美元，融资需求为 2.14 亿美元。

国家开发银行充分发挥大额中长期贷款的优势，以市场化手段构建融资机制，积极推进项目开发评审。项目由斯里兰卡政府作为直接借款人，依托斯里兰卡主权信用进行授信。2012 年，国家开发银行仅在半年的时间内实现贷款承诺、合同签订和贷款发放，及时响应斯里兰卡政府迫切的融资需求。

3. 银行与工程承建企业合作，共同推动项目落实

莫拉格哈坎达灌溉项目迟迟未能落地的另一个重要原因是，项目所处地区地质条件较为复杂，施工难度较大。项目承建商中国水电建设集团国际工程有限公司是一家跨国经营的综合性大型企业，具备水利灌溉领域丰富的项目实施经验。项目于 2012 年 7 月开工建设，2017 年 1 月下闸蓄水，6 月首台机组发电，7 月工程完工，2018 年 1 月正式移交。

国家开发银行将自己的资金优势与承建商中国水电建设集团国际工程有限公司的技术优势相结合，通过银行与企业的合作，最终推动项目落地和顺利建成。

▲ 项目航拍图

成 效

莫拉格哈坎达灌溉项目给斯里兰卡带来各种直接和间接的经济效益与社会效益，其中农业、发电、居民就业、内陆渔业及饮用水和工业用水的供应是受益的重要领域。这些效益都能够帮助斯里兰卡有效减贫。

1. 解决灌溉及生活用水问题，带动农业、渔业发展

斯里兰卡莫拉格哈坎达灌溉项目成为向下游中部省和东部省供应灌溉及饮用水的水利枢纽，解决下游大片区域的用水问题，并提高下游区域的汛期防洪能力。

该项目可为约占整个斯里兰卡产量 24% 的水稻种植区提供稳定、充足的灌溉水源，让稻米产量提高 81%，达到 10.9 万吨。此外，项目带动渔业发展，水库年产鱼 4700 吨，增加年收入 2.94 亿卢比（合 167 万美元）。斯里兰卡政府通过莫拉格哈坎达灌溉项目向贾夫纳 30 万人口和基里诺奇 5 万人口提供饮用水。另外，项目可满足安置区内约 1000 个小型水箱供水。

2. 提供就业渠道，增加居民收入

项目在实施过程中，80% 的员工来自当地，解决数千当地民众就业问题的同时，还对其进行技能培训。施工区域周围的建材市场也因工程需求而蓬勃发展。项目从 2012 年开始实施，当时当地平均月薪为 2 万卢比（合 149 美元），而目前在当地雇用一个普通工人月薪至少为 4 万卢比（合 227 美元），雇用一个司机至少 5 万卢比（合 284 美元），雇用一个成熟技术工人要 10 万卢比（合 568 美元）。项目施工高峰期，雇用当地工人 2000 余人，总共雇用当地工人 1 万多人次。

此外，项目开始时，当地员工每天都是乘坐公共汽车上

下班；2014—2015 年项目中期，大部分当地员工都有了自己的崭新摩托车；2016—2017 年项目尾期，一些员工已购买了私家车，可以开车上下班。

3. 节省当地用电费用

项目以 25 兆瓦的装机容量支持国家电力建设，相比当地的燃油发电站，25 兆瓦水电站年发电量为该地区每年节省开支 24.9 亿卢比（合 1414 万美元）。

真实故事

班塔拉(原为斯里兰卡中部省莫拉格哈坎达村村民)是水库搬迁户，是中方一家承建企业的司机，已经工作 5 年。

班塔拉以前与父母、姐妹和哥哥一起挤在一个 100 平方米左右的泥土房子里。当时，斯里兰卡政府给了他约为 185 万卢比（合 1.38 万美元）的搬迁赔偿款，但这笔钱远不够建房。

在中方承建企业工作以后，班塔拉用 5 年里积攒的工资建造了一所价值约为 400 万卢比（合 2.6 万美元）的新房。新建房 200 余平方米，两室一厅一厨，显得非常宽敞，客厅里有电视、电话和沙发，显得很现代和时尚。他在库区时只有一辆旧摩托车，现在拥有两辆新摩托车。过去，库区用电断断续续，一天最多有一半时间有电，没有电话和网络。现在，不但保证 24 小时供电，还有电话和网络。

班塔拉表示，目前他不但还上了所欠已久的债务，而且有了一些积蓄。这项工程改变了他的命运，改变了过去靠天吃饭的生活。

经验与启示

1. 制定规划，通过中斯扶贫规划对接引领扶贫事业发展

2011 年，国家开发银行与斯里兰卡财经计划部开展在国民经济综合、城市、旅游、工业、能源、交通等领域的规划咨询合作，明确了“加大对东北部干燥地区农业水利灌溉系统的重建、改造和新建的投入”的总体战略方向，对莫拉格哈坎达灌溉项目进行了先期的可行性研究，奠定了后续加快推进落实融资工作的基础；对其他的扶贫领域和项目，建议可积极发挥开发性金融的研究规划能力，加强中斯扶贫领域的融智融资合作及规划对接，发挥开发性金融在中国减贫领域的成功经验、优势，如棚改扶贫、产业扶贫、旅游扶贫、电商扶贫、易地扶贫搬迁减贫等理念与“一带一路”倡议相结合，为斯里兰卡提供扶贫减贫规划咨询，为项目实施奠定坚实的基础。

2. 银行与政府合作，将银行的融资优势与政府的组织协调优势有效结合

在莫拉格哈坎达灌溉项目实施过程中，国家开发银行发挥了在基础设施扶贫领域丰富的实施经验和能够及时提供大额长期资金的优势，并与斯里兰卡政府的组织协调优势、当地民众发展的迫切愿望充分有机结合。一方面，斯里兰卡政府全力协调项目环评、征地拆迁、移民安置、融资审批、商法谈判等事项，斯里兰卡民众也在项目前期推动和后续落实过程中全力配合，为国家开发银行快速响应落实融资创造了有利的环境；另一方面，国家开发银行凭借在基础设施扶贫领域丰富的实施经验，仅用时半年即完成贷款承诺、合同签订和贷款发放，也赢得了斯里兰卡政府和民众的信任、认可和配合。

3. 银行与企业合作，强强联合，加快推动项目实施

莫拉格哈坎达灌溉项目的承建商中国水电建设集团国际工程有限公司是一家跨国经营的综合性大型企业，具备国内外水利工程领域丰富的项目实施经验。一方面，承建商通过精心勘测和设计，解决了莫拉格哈坎达灌溉项目在坝体设计、施工标准等方面的一系列技术难题，形成了一套完备可行的方案，但因融资迟迟未能落实，承担着施工成本上涨、工期被迫延迟的风险；另一方面，国家开发银行及时、大额的融资方案解决了斯里兰卡政府和承建商对资金的后顾之忧，通过银企合作为项目顺利落地和早日建成保驾护航。从该项目的成功实施可以看到，充分发挥开发性金融的资金优势与工程企业的施工技术优势，实现强强联合，对加快推动项目落地和建成发挥了至关重要的作用。

合力构建交通网络　走出脱贫致富路

——亚洲开发银行云南省综合道路网络发展项目

案例类型：基础设施建设，交通扶贫

关键词：高速公路，农村

提交机构：亚洲开发银行

摘　要

亚洲开发银行于2010年12月批准了一笔2.5亿美元的贷款，用于在中国云南省建造一条高速公路，改善公路网络，组建农村公路养护小组，提升公路管理部门的能力。截至2015年12月高速公路完全通车时，已建成163千米的高速公路和二级公路。此外，修复了636千米的地方公路网，同时组建69个主要由妇女组成的小组，养护德宏傣族景颇族自治州（以下简称“德宏州”）境内656千米的农村公路。从龙陵县到瑞丽市所用时间缩短了一半，从4小时减少至2小时。2012—2015年，龙陵县、芒市和瑞丽市的农村贫困发生率下降了3.4%～14.0%。

背 景

云南省地处中国西南部，与缅甸、老挝和越南接壤，土地面积的约 94% 为山地、丘陵所覆盖。2008 年，云南省人均生产总值为全国平均水平的 55%。云南省为全国贫困发生率较高的省份之一，其人口的 15%（500 万人）生活在国家贫困线以下。贫困人口主要集中在云南省的西部、东南部和东北部山区。高密度人口依赖有限的耕地生存。城市中心与贫困地区之间交通不畅是造成贫困的主要原因。超过 40% 的云南农村人口的住所附近没有铺设路面的道路。

公路是云南省使用较广泛的道路交通，是经济发展和减贫的主要驱动力，但道路质量差且运输能力远远不足。自 20 世纪 90 年代以来，云南省持续在高速公路建设和公路网扩展方面注入资金。2008 年，云南省的公路网总长仅有 20 多万千米，其中不到 4% 为二级以上公路（全国为 10.7%），5% 为三级公路，剩下 91% 为四级和未分级公路。

免通行费公路的养护资金不足。相比之下，收费公路通常可以获得足够的养护资金。农村公路的情况更不容乐观。农村公路占整个公路网的 87%，其中 98% 为四级或未分级公路，大部分（81%）公路路面未经铺砌，为碎石或土路。在亚洲开发银行项目重点地区德宏州，仅有 40% 的县道、27% 的乡道和 19% 的村道状态良好。

项目实施

在此背景下，亚洲开发银行的 2.5 亿美元贷款用于修建龙陵—瑞丽高速公路[1]，修复云南省地方公路，组建德宏州农

---

[1] 龙瑞高速公路是杭瑞高速公路的最后一段，也是规划中的重要东西走廊之一。龙陵至瑞丽沿线有时也被称为“龙瑞”。

村公路养护小组，提升地方公路管理部门的能力。项目总预算为17.5亿美元，银行贷款与交通运输部、云南省政府预算为资金来源。

首先，龙瑞高速在2015年5—12月分阶段完工，并投入使用。这条高速路主干线长163.3千米，包括134.1千米的高速公路和29.2千米的二级公路，桥梁和隧道约占总长的53%。这反映了该地区的多山地貌。这段高速公路还包括辅助设施，如1个交通监控中心、3个隧道管理站、3个服务区、2个停车场和8个收费站。高速公路通过景观美化，融入云南省少数民族的文化特色。

其次，在改善地方公路条件的项目实施过程中，改造和铺设了636.45千米的国道和省道，种植超过1.7万棵树和1.7平方米草坪绿化一些路段。地方公路安全和国际安全审计部门提出了建议和改进措施，尤其针对事故多发区域。

再次，针对项目实施中组建德宏州农村公路养护小组问题，组建了69个养护小组，比目标年份2015年提前3年。这些小组按照绩效合同的约定对655.9千米的乡道和村道进行养护。[1]养护小组成员中90%为妇女，56%为少数民族。之后，所有5个县的交通局在养护全部4714千米的乡道和村道时，均采用这一做法，涉及438个村庄养护小组。

最后，在提升公路管理部门和养护小组能力方面，聘请了一个国际咨询小组。国际咨询小组为3个公路管理部门[2]和承包商团队的员工提供合同管理、报告编写和公路安全方面的培训，在加拿大和美国组织了2期关于高速公路建设管理和公路安全的海外培训，组织约100期关于领导力、施工安全与质

---

[1] 这一问题得到了亚洲开发银行技术援助（TA）7673-PRC号的支持。技术援助的目标是发展一个可持续的道路维护系统。这也将在云南省创造女性就业机会。

[2] 云南省公路开发投资公司（YHIC）负责管理一级及以上高等级的收费公路，云南龙瑞高速公路有限公司（LREC）及德宏傣族景颇族自治州交通局（DPCB）负责管理龙瑞高速。

量、桥梁与隧道工程、地震应急响应和测量、合同管理的国内培训，约 5000 人受益。在农村公路养护方面，有超过 1600 人贫困人口接受了养护技术培训，其中 90% 的受训者为妇女。在所有施工现场、龙陵—瑞丽高速公路沿途社区和缅甸移民区，开展关于艾滋病毒或艾滋病风险的培训和宣传活动。

成　效

在 5 年的目标期限内，项目相关的所有举措全部实施或超计划实施。龙瑞高速通车后，从龙陵到瑞丽的用时从 4 小时缩短到 2 小时。地方公路修复后，行车速度从每小时 35 千米提高到每小时 60 千米。2015 年，状况良好的免征通行费普通公路的占比增加到 83%，超过 50% 的目标值，且比计划提前 1 年。德宏州状况良好的乡道占比增加到 50% 的目标年份为 2016 年，而实际达标年份为 2014 年。

进行项目竣工后评估，查验项目收益是否高于成本。[1]对于龙瑞高速，其经济内部收益率（即经济成本和效益的衡量指标）为 12.6%，高于亚洲开发银行的最低限值 12% 和全国最低限值 8%。敏感性分析表明，可行性不受相对较低的养护成本的影响，但是收益减少超过 6% 将导致收益低于最低限值。对于修复的地方公路，其经济内部收益率为 77%。这表明其在经济上高度可行。

社会经济影响显著。云南省的公路条件得到改善。该省 2011—2015 年的产出强劲增长，达到 11%，其中公路做出了重要贡献。项目主要公路段所在地德宏州受益颇多。仅龙瑞高速的建设通过就业和购买当地材料、食品，就为德宏州的经济贡献了至少 27.6 亿元。在与政府为减贫做出的其他努力的共

[1] 这是根据 2016 年价格中的实际实施成本和收益及修订的交通预测得出的。

同影响下，德宏州的农村贫困发生率从2008年的15%下降到2015年的6.15%。

在易地扶贫搬迁和少数民族发展政策的支持下，受影响的7077户29 859人的生活水平得到改善。[1]在项目竣工时开展的调查表明，截至2015年，所有家庭均有了进项，2011—2015年人均收入增加超过了50%。现金用于补偿失去的土地、房屋和宅基地。受影响的家庭在征地和房屋拆迁之前得到补偿，有利于易地搬迁。为改善民生而采取的措施包括提供关于更多经济作物种植和非农业技能的技术培训、优先安排少数民族社区的建设工作、为符合条件的失地农民缴纳养老保险。受影响严重的家庭还得到额外的现金补贴，并具有培训和就业优先权。

少数民族社区在增加就业方面也享受更好的福利待遇，尤其是少数民族妇女这一群体对贫困率下降有重要影响。少数民族劳动力占当地被雇用的非技术劳动力的62%。2015年，他们的估算收入超过7500万元或相当于芒市8850名农村人口的年度总收入。农村公路养护由20个少数民族妇女小组于2013年开始试点，到2015年增加到69个，覆盖德宏州芒市、瑞丽市、陇川县和梁河县。这为261名贫困人口创造了就业机会，其中90%为妇女，创收240万元。龙陵县、芒市和瑞丽市2011—2015年经济显著增长，城市化迅速。政府的支持和妇女群体的努力使该地区少数民族人口的减贫工作取得重大进展。芒市的农村贫困发生率2015年下降到5.4%（2012年为9.8%），2.92万人也因此摆脱贫困，他们大多数为景颇族和德昂族。同样，瑞丽市农村贫困发生率2015年下降到6.6%（2012年为10.1%），6800人摆脱贫困，他们大多数也是景颇族和德

[1] 龙瑞高速途经少数民族人口占总人口5%的保山市龙陵县龙新乡、龙山乡，少数民族人口分别占总人口46%和49%的德宏州芒市、瑞丽市。

昂族。根据国家级贫困县龙陵县的报告，其农村贫困发生率从2012 年的 54.2% 下降到 2015 年的 39.3%。

地方公路管理部门的运营也得到改进。云南省公路局依据亚洲开发银行国际最佳实践指南重新修订了采购规则，还根据对环境保护、社会保护和公路安全责任等问题的重视程度聘用了相应的专职人员。对于农村公路养护，虽然已有绩效基准支付规则，但亚洲开发银行技术援助的绩效合同仍明确了更科学的绩效指标，并针对该做法做出系统化的规定，节约了成本。德宏州交通局表明，以往基于数量的合同需要 5 ～ 8 人管理 100 千米，而基于绩效的合同仅需要 2 ～ 3 人。因此，这一做法被推广到云南省及其他省，而且越南和吉尔吉斯斯坦也在考虑使用。

真实故事

单增泉几十年如一日奔波在云南省崎岖的山路上，为当地摊贩和附近的其他市场供应水果。以前，从龙陵县到他位于瑞丽市的配销中心——一个与缅甸接壤的主要过境点，需要经过 5 小时艰辛且危险的路程。现在，在亚洲开发银行的援助下修建了新高速公路后，这段路仅需不到 1 小时。

玉石商人黄如强来自浙江省宁波市，每年在宁波和瑞丽之间往返五六次。他说：“过去，从昆明到瑞丽需要 22 小时。而现在，除司机在途中休息 3 小时外，到达目的地仅需 9 小时。这不仅节省了大量时间，而且旅行更安全舒适，不像以前那么疲劳。”

云南省芒果村 56 岁的王宝（音译）和 60 岁的妻子梅春芝（音译）同为傣族，已经为维护农村公路服务两年多了。农闲时，他们为维护农村道路清洁有序尽心尽力，并由此获得相应的酬劳。“我们负责养护村子附近 7 千米的农村公路，每周养护 1～2 次，每年能从中拿到 1 万多元劳务费。我们把这些收入用于生活和种庄稼上。”梅春芝说。

经验与启示

诸多因素促成了该项目。第一，项目满足了政府的需求，与政府的西部发展战略、亚洲开发银行针对中国的国家援助计划相一致。第二，项目经过精心策划，可满足不同公路用户的需求，并有助于包容性平衡发展。修建一条主干线高速公路，修复国道和省道，养护农村公路，这种良好的组合将从县级到省级的公路管理部门引入合作框架。第三，云南省对该项目的所有权体现在云南龙瑞高速公路有限公司和云南省公路局两家专业机构上。该机构与承包商严格管理合同、按工作流程办事并规范文件，这样提高了施工质量和效率。第四，易地搬迁和少数民族计划支持受影响家庭的福利，得到了民众的广泛认同。第五，亚洲开发银行密切监测和监督实施进度，并就相关事宜和解决方案进行定期沟通。

畅通信贷渠道发展可持续农业

——亚洲开发银行山西省综合农业发展项目

案例类型：基础设施建设

关键词：小额信贷，农业价值链，农村妇女，地下水灌溉

提交机构：亚洲开发银行

摘　要

亚洲开发银行（ADB）于2009年12月批准了一笔1亿美元的贷款，用于中国山西省26个县的农业发展和农村减贫，针对农户开展高价值产品的可持续性生产技术和营销技能培训。该项目采取的主要措施：修建供应链增值设施；通过产品回购、贷款保障和技术服务合同强化从农民到市场的连接；为向农户提供小额信贷对妇女小组进行培训。上述干预措施实施后，2009—2016年，项目县的人均本地生产总值由10.4%增加到131.5%，农村人均纯收入由77.6%增加到192.1%，而农村贫困率下降到9.2%，降幅为7.5个百分点。

背　景

山西省的农业生产因地理、自然、传统、技术、金融等因素的综合影响面临诸多挑战。山西省位于中国北部，耕地人口比为0.10（世界平均水平为0.19），相对较低。低降水量、高蒸发量、频繁的自然灾害和水土流失给可持续生产带来困难。虽然1978年出台的国家改革开放政策改善了农业服务，但是农业技术力量仍很薄弱，小规模农业用地仍很普遍，大多数农民种植大量消耗水和农药且利润低的小麦和玉米，牲畜的自由放养和未经处理的动物粪便增加了土壤污染和水污染。大多数农民在很大程度上缺少组织性，没有良好的市场和金融渠道。缺乏信贷渠道是阻碍传统农业向高价值农业转型的关键制约因素。贷款机构提供种类极少的贷款产品，在提供长期贷款方面缺乏经验，在评估信用风险方面能力不足。妇女的参与仍显得无足轻重，而且她们的社会经济权利往往被忽视。

项目实施

在此背景下，亚洲开发银行于2009年批准了一笔1亿美元的贷款，用于山西省的26个县发展可持续农业和减少贫困。[1]项目实施的目的：农民使用环境可持续技术和做法种植高价值农产品，增加农业收入；通过提高产地加工能力加强产地与市场的联系，并在农民与农业企业之间建立正式的市场关系；培养能力，对农民、农民协会和技术支持机构进行高价值生产与加工方面的培训；支持实施的项目管理。

首先，相关措施实施后，农民有能力种植多年生和一年生农作物，且其生产牲畜的能力得到提升。截至2016年年底，

[1] 26个县中，11个为贫困县，12个为水土流失加速优先治理县。

21 106 家农户种植了约 70 平方千米的多年生农作物（如核桃、枣、苹果、梨、花椒、芦笋、速生杨树和中草药）；9282 家农户种植了约 7.6 平方千米的一年生农作物；9218 家农户饲养了牲畜。项目向农民提供信贷，用于购买种植高价值农作物所需材料和设备，向他们传授在坡地种植核桃、梨和苹果等有利于减少水土流失的多年生植物的知识。在旱作地区，提倡种植中草药和核桃等耐寒且高价值的旱地作物。搭建日光和拱形大棚温室，生产黄瓜、西葫芦和番茄等蔬菜。这些蔬菜的生长需要较少的水和化肥，这样可以改善土壤条件，使食品更安全。改变以前猪舍建在农民家里的做法，单独修建猪舍，5～6 家农户共用猪舍。这些猪舍结构合理，便于将动物粪便转化为清洁能源堆肥或沼气。向农民提供贷款，养殖猪、牛、肉鸡、蛋鸡、绵羊和产山羊绒的山羊，还向农民传授圈养知识，合理的饲养可以提高生产率，预防传染性动物疾病，为安全有效地处理动物粪便提供条件。以前，山羊、绵羊和牛等牲畜大多在牧场上被放养，留下的动物粪便对草地造成了大面积破坏，草地也因此易于遭受侵蚀和土壤退化。

其次，项目旨在加强农民、企业和市场之间的联系。亚洲开发银行贷款用于建造加工和仓储设施，订立回购合同和贷款担保合同。配置 223 套红枣烘干设备，以保证更优品质，延长存储寿命，增加价值。建造一座 2000 吨的恒温仓库，进一步增强存储能力，提供更优质的产品。另外，企业与 14 861 家农户签订回购合同，与 9161 家农户签订贷款担保和技术服务合同。亚洲开发银行帮助受益（借贷）农民与 32 家农业企业建立基于合同农业协议的正式关系。[1]这些协议不仅将农民的产品引入稳定价高的市场，也确保农业企业获得品质如一的

[1] 这些农业企业由省、市、县财政和农业局、扶贫和发展办公室从 138 家公司中共同选出，选择依据为公司的财务稳健性、经营计划的可行性、足够的加工能力、良好的拓展方案、训练有素且经验丰富的管理人员和在与农民打交道时获得的良好的声誉。

优质农产品，并能充分发挥其加工能力。

再次，项目措施主要针对能力建设。亚洲开发银行组织了专门针对农民、农民协会和技术服务机构的培训，对“农民培训师”进行培训，让他们转而为乡镇的其他农民提供培训，在实施期间进行全程培训，以满足不同投资阶段的需求。在项目完成时，已有约 4 万家农户接受了培训。离石区、平顺县、祁县和隰县的 328 家农户获得了安装滴灌系统的补贴，6500 名农民接受了节水技术培训。另外，大宁县和柳林县培训 294 名妇女，成立了 20 个妇女小组和合作社，向 4 个村庄的 117 户发放 8.6 万美元的小额信贷。对省政府挑选的 5 个农民协会进行培训，让其了解如何营销农产品、宣传农业技术和做法及提高组织能力。组织考察活动，向工作组织方式更完善的农民协会学习经验。此外，还对农民合作社的成员进行组织、营销与技术能力方面的培训，并组织他们进行考察，有 900 多人受益。为提高技术服务机构的能力，还开展了畜牧生产、节水灌溉与水平衡监测、病虫害综合治理、环境监测、参与途径和性别意识方面的培训，涉及 8000 人次，出版并分发了 3 种农民实用手册。

最后，成立省、市和县级项目管理办公室，由亚洲开发银行提供帮助。对员工进行财务管理与报告、亚洲开发银行支付与采购程序方面的培训。市、县级项目管理办公室管理项目执行情况监控系统，跟踪项目进度和财务状况，同时管理贷款提取和支付。

成　效

项目的财务和经济效益超过成本，这表明其财务和经济可行性。完工评估表明，所有子项目的财务内部收益率（从莲花的3.8%到核桃的19.4%不等）均高于其加权平均资本成本（0.7%～3.14%）。基于收入（成本）降低（增加）5%的敏感性分析仍显示，大多数子项目在财务上是可行的。就经济可行性而言，项目的总体经济内部收益率为12.8%，高于要求的经济成本12%。同样，所有子项目的经济内部收益率（12.3%～27.3%）均高于12%。另外，基于经济效益（成本）下降（增加）5%的敏感性分析表明，几乎所有的子项目在经济上均可行。

项目的减贫效果显著，在很大程度上归因于收入的增加。在26个项目县，农村贫困率从2006年开始下降，到2016年下降到9.2%，下降了7.5个百分点，57万多人口脱贫。[1] 2006年，763万农村人口中有127万贫困人口。许多人因收入增加摆脱了贫困。2009—2016年为项目实施期，项目所有县的农村人均纯收入的增长范围为77.6%～192.1%，而人均生产总值的增长范围为10.4%～131.5%，前者的平均增长略低于省平均水平，而后者高于省平均水平。

在微观层面，山西省项目监测办公室分别在项目实施前后进行了收入调查，了解项目所在地区的受益农户，对比项目所在地区的非受益农户和项目所在地区外的非受益农户，充分印证了强劲收入增长的结论。受益农户的户均总收入增长了270.9%，超过了项目所在地区内的非受益农户的户均总收入增长（178.6%）和项目所在地区外的非受益农户的户均总收入增长（116.3%）。与对照组相比，经济作物、经济林和蔬菜作物对受益农户的收入增长贡献最大。值得关注的是，在项目实施后，受益农户的收入结构得到改善（农业收入所占份额增加，在外务工收入所占份额减少）。这表明在外务工的收入对项目

[1] 2010—2015年，山西省的可比数字为贫困率下降14.9个百分点，约351万人脱贫，而全中国贫困率下降14.8个百分点，约1.06亿人脱贫。

所在村庄的收益贡献减少。

支持农民和农业企业的项目举措是收入增长的主要因素。这些农民向农业企业学习，并采用现代化的环境无害技术生产出更高价值的产品。他们还开始对公共耕种区域和温室中的农业塑料废物实行可持续性管理。这些举措刺激了附带业务的发展，如收集有机肥并直接或通过中间商向农户销售的畜牧合作社。农业合作社还开始使用有机认证，逐渐淘汰合成肥料和杀虫剂，提高食品安全性。更重要的是，保证稳定收益流和稳定产品价格的举措同时，增加了农民的收入。这得益于与企业签订的产品回购合同、贷款担保和技术服务合同。张庄村红枣专业合作社（运城市临猗县）等几家合作社的红枣在国内外市场上均有销售。

经验与启示

第一，为贫困人口提供资金帮助，使其有能力增加收入、改善生活。为促进生产，向贫困农户发放项目贷款，用于多年生植物、一年生植物和畜牧业生产，达到了增加农村收入的目标。与一般的银行贷款相比，这些贷款利率低、期限长，更适合贫困农户。低利率与农业投资的低回报一致，所以还款负担较轻。

第二，技术支持和培训是项目成功的关键。发放贷款之后开展技术培训是项目备受赞赏的一点。开展培训，传授良好作业实践、节水灌溉系统及病虫害综合治理等最新技术的技能、知识，为生产出优质产品提供保障。农户还会获得后续技术支持。

第三，“企业 + 生产基地 + 农户”模式的成功表明，市场联系可以互惠互利。了解市场和获取市场信息有利于农户做出明智的决定。回购合同保证农户获得稳定的收入和高于市场公开的产品价格。农业企业也因获得来自稳定供应基础的优质产品而受益。

发挥社区在中国扶贫中的主导作用
——世界银行贷款中国贫困农村地区可持续发展项目

案例类型：社区治理，贫困人口参与

关键词：社区主导，内生动力

提交机构：世界银行

摘　要

认识到社区主导发展方式可能有效地解决扶贫工作中面临的一些瓶颈问题，并能激发社区的拥有感和积极性，中国政府与世界银行合作，对社区主导发展方式开展了详尽的理论研究和试点，并在此基础上实施了大规模的“世界银行贷款中国贫困农村地区可持续发展项目”（以下称“世行扶贫五期项目”），对这种新方式进行示范和推广。试点和示范均取得了良好的效果，实现了项目目标。

本案例重点分析世行扶贫五期项目的设计和实施过程，通过梳理提炼社区主导发展方式在中国贫困农村地区的实践应用，尝试呈现从传统的自上而下的政府主导扶贫方式向自下而上的社区主导扶贫方式转变。

背　景

中国农村扶贫普遍采取传统的自上而下的政府主导的扶贫模式，容易造成社区和农户参与程度不高；农民能力提高缓慢，特别是自我组织、自我管理、自我发展和自我监督能力严重不足；社区发展资金匮乏；没有建立可持续发展的长效机制等问题。

2006 年以来，世界银行与国务院扶贫开发领导小组办公室外资中心合作，在四川省、广西壮族自治区、内蒙古自治区、陕西省的 4 个项目县的 60 个项目村探索社区主导扶贫方式。试点取得了初步的成功。在此基础上，世界银行于 2010 年启动了世行扶贫五期项目，总投资 11 亿元人民币，其中世界银行贷款 1 亿美元，国内配套资金 4 亿元人民币。项目覆盖 3 个省（市）25 个县（区）约 800 个贫困村，受益贫困人口超过 50 万人。该扶贫项目在陕西省、河南省和重庆市三地实施，主要内容分四个部分：一是支持农村的公共基础设施建设；二是资助农民成立发展基金互助社，以解决贫困地区农民生产缺少金融服务的问题；三是通过全球环境基金会赠款，示范气候智慧型扶贫模式，帮助农民分析生计的脆弱性，提高适应极端气候不确定性的能力，减少返贫；四是农民和机构的能力建设。

项目实施

1. 机构安排

在世行扶贫五期项目下，组织机构可以分成两大类：社区外部机构和社区内部机构。社区外部机构主要是中央、省、市、县各级项目管理机构，负责对项目资金的计划分配及对资金的安全投放和项目实施进行协调、指导、监督与评估。社区内部机构：在行政村层面，设有项目决策委员会和项目监督委员会，前者负责审查和批准项目建议书，后者负责监测评价和监督；在自然村层面，组建项目实施小组和项目监督小组，负责项目实施和监督，包括项目实施和资金使用。

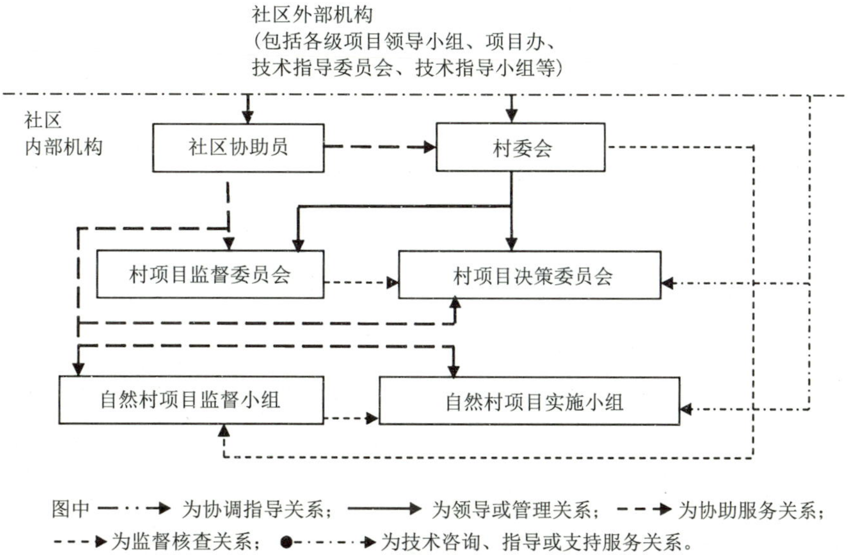

▲ 行政村村委会是社区内部项目的领导机构

2. 项目操作程序

为了保证将项目决策权、实施权、资源控制权、管理权、监督权交给社区和农户，同时引入竞争机制，项目制定了操作手册，明确了“十步走”的操作程序及各利益相关方的职责、验收考核办法。

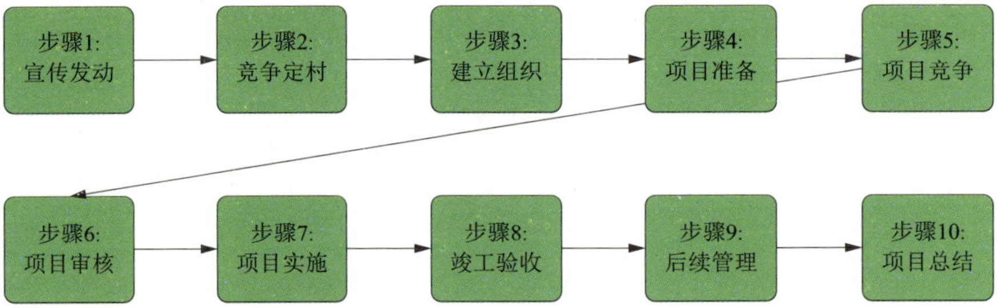

▲ 世行扶贫五期项目操作程序

步骤 1：宣传发动。采取多种多样的方式、形式（如村民小组会、入户走访、张贴发放宣传材料），让社区和村民了解整个项目的发展理念、项目资金量和资金用途等。村民对项目的了解率必须达到 80% 以上。

步骤 2：竞争定村。通过竞争确定实施项目的行政村（社区）。项目村标准由各县项目办结合实际自行制定。竞争项目的各村代表在竞争大会上陈述其所代表的村参加竞争的原因，并回答评委的提问，竞争结果现场公布。

步骤 3：建立组织。民主选举组建自然村（村民小组）一级的项目管理组织，包括项目决策委员会成员、项目监督委员会成员、项目实施小组和监督小组成员。

步骤 4：项目准备。组织各自然村（村民小组）的村民讨论，由村民决定参加自然村一级竞争的项目。

步骤 5：项目竞争。竞争筛选自然村的项目。多个自然村的村民小组向项目决策委员会提交项目建议书，自然村代表在竞争大会上陈述项目活动，并回答提问，最终由项目决策委员会从中选定项目。

▲ 重庆市酉阳县上腴村各村民小组竞争项目

▲河南省嵩县项目村采购开标会现场

步骤 6：项目审核。县项目办审核由项目村提交的项目选定报告。如通过审核，县财政部门在规定期限内需向行政村下达资金预付通知书，并将资金拨到村专用账户上。如申报项目在技术、预算、环境及社会影响等方面存在问题，县项目办应及时向村委会反馈审核修改意见，并提供必要的技术支持，但不能否决项目村（社区）选择的项目。

步骤 7：项目实施。在社区协助员的协助下，自然村（村民小组）项目实施小组组织召开村民大会，讨论确定项目实施方案，并组织实施和采购等活动。自然村（村民小组）监督小组对工程和资金使用进行监督。全体村民享有对项目建设过程和资金使用进行监督的权利。

步骤 8：竣工验收。由行政村提出，并由县项目办对已完工工程进行验收。通过验收后，县项目办与项目村（社区）办理固定资产移交手续。

步骤 9：后续管理。工程由受益的自然村农户负责专人或全体共同管理；县、乡镇项目办组织相关技术人员对工程实施的管护人员或牵头人提供必要的运行维护知识培训。

步骤 10：项目总结。自然村（村民小组）在完成项目后组织召开村民大会，宣传项目成果，总结项目实施的经验教训，并向村委会提交情况报告。

成　效

1. 项目调动了社区的积极性

首先，实现了农民的广泛参与。根据 2015 年下半年的一份独立调研，所有受访农户都知晓项目，并能够分享自己对项目概念、活动的看法，而且老幼妇女对项目也都有不同程度的了解。调研结果显示，超过 90% 的受访项目农户都至少参加过一次项目活动。其次，农民全程参与项目。92.5% 的受访农户家中有人参与过讨论和选择村内的项目，有超过 75% 的受访农户家中有人参加过项目实施方案讨论；超过 67% 的受访农户家中有人参加或旁观过项目的招投标活动；44% 的受访农户为项目出钱或义务工作；34% 的受访农户家中有人参与了项目的施工；52% 的受访农户家中有人参与过项目的后续维护。最后，农民深度参与项目。从各样本村保存的历次会议记录中可以看出，在主要的活动中，农民都通过投票的方式行使自己的权利。例如在讨论确定项目时，全体村民投票确定本行政村下不同自然村项目的优先顺序，然后根据资金预算选择得票最多的自然村项目来实施。

2. 项目解决的是最需要解决的社区发展问题

首先，世行扶贫五期项目所解决的问题是贫困村最需要解决的问题。2015 年年底的独立实地调研结果显示，96% 的受访农户认为实施的项目活动是他们最需要的。其次，受访贫困农户也充分肯定了项目的积极作用。在被问到项目效果时，绝大多数贫困农户认为项目产生了令他们满意的效果。近 94% 受访农户表示满意或很满意，只有 2.4% 受访农户表示不满意或者很不满意。最后，大多数受访农户认为项目采取的模式比常规的扶贫项目操作模式更好。近 70% 的受访农户认为世界银行项目采取的模式优于传统的扶贫模式。

3. 项目提高了社区的自我发展能力

项目实施的过程也是社区在实践中学习的过程，学会发现问题、分析问题、解决问题。由于农民广泛、全程、深度参与项目，社区的能力得到了很好的锻炼。项目实施在总体上改善了社区的治理结构：一是涉及村民利益的社区信息更加公开透明。82% 的受访项目户认为，村民能够了解涉及村民利益大事的信息，比对照村高 12 个百分点。二是社区决策的民主化程度提高。86% 的受访项目户认为，事关村民利益的重大决策是通过集体决策做出的，比对照村高近 14 个百分点。三是村民参与社区决策过程的机会增加。88% 的受访项目户认为自己有参与决策的机会，比对照村高近 12 个百分点。四是村民支持群众监督和财务公开。超过 3/4 的受访农户对群众监督和财务公开做出积极的评价，比对照村高出 15 个百分点。

以河南省夏邑县歧河乡蔡河村为例，由于项目的实施，村民特别是妇女的能力得到了锻炼，妇女都表示自己“比以前敢说话了”，敢于在村事务中发表自己的意见。村民们还表示通过共同实施项目活动，村民之间的关系得到改善。同时，村干部感到自己在村民中的威信有了提高，“有了荣誉感”。他们纷纷表示今后在村里的其他工作中也愿意采用社区主导发展方式。

4. 改善社区关系

一方面，由于项目要解决的是社区大多数成员的共同问题、使全体村民共同受益，因而在项目的实施过程中有助于改善社区关系。另一方面，项目要求村民必须为实现共同利益互相合作。这种合作有利于他们增加理解和信任，形成共同的价值观，改善村民之间的关系。社区关系的改善增强了社区凝聚力，有利于促进社区和谐发展。

调研结果表明，90.5% 的受访项目户认为村民之间具有良好的关系；96% 的受访项目户认为村民之间的矛盾和纠纷很少；90% 的受访项目户认为有困难时能够相互帮助；90% 的受访项目户认为所在村具有良好的治安状况。上述结果说明，世行扶贫五期项目成功实现了提高社区自我发展能力的目标，在激发农户的项目拥有感、参与积极性的同时，增强了社区的凝聚力。通过项目实施，基层干部和农民经受了锻炼，积累了经验，增强了继续寻找项目、争取项目和实施管理项目的能力。项目的成功实施也使社区的治理方式和结构发生了有益的改变。这些对最终实现社区的持续发展至关重要。

5. 减轻贫困

自项目实施以来，跟踪调查项目户的贫困户比例，从 2010 年的 53% 降低到 2014 年的 30%，减少了 44% 以上。而同一时间段内，对照村农户的贫困户比例从 46% 降低到 40%，仅仅降低了 11%。这一对比充分说明社区主导发展项目的实施所取得的显著成效。

经验与启示

1. 政府支持并转变方式

采取社区主导发展模式离不开政府的支持。只有得到政府的大力支持，才有可能将社区主导发展模式在更广泛的地区更大规模地推广应用。

世行扶贫五期项目的实施对政府的工作机制和工作方法都提出了巨大的挑战。因此，政府需要改变对扶贫本质、扶贫项目、被扶贫农户潜力的认识，转变工作思路。政府同时需要认识到采取社区主导模式并不意味着政府不需要发挥任何作用；相反，政府要为项目提供服务和支持，协助社区做出科学合理的决定，同时对项目资金使用和项目规范的运作进行必要的监督和规范，从而更好地利用有限而宝贵的扶贫资源发展社区。

2. 建立相关制度确保社区主导

项目制定实施的“十步走”程序是实现社区主导发展的关键。它确保了贫困社区和贫困农户在项目实施中占据主动地位，充分激发了他们实施好项目的积极性和热情，提高了他们对项目的拥有感，改变了贫困村和贫困户“等、靠、要”的保守思想，对他们的意愿和主体地位给予了应有的尊重，使他们能够根据自己最迫切的需求和意愿选择、实施最急需建设的项目，改善生产、生活环境，夯实发展的基础。同时，这一过程也促使政府部门从项目设计、决策、控制更多地转变为服务、监管和资源协调，为社区提供全方位的支持和指导，监督并规范项目实施符合项目要求，以达成预期目标。

经验表明，在提供比较简单的、需要当地合作的小型基础设施和公共服务方面，社区主导发展模式具有优势。相对于复杂的大型基础设施和公共服务，这类基础设施和公共服务对技术的要求相对较低、投资低、风险小，社区和村民也有能力进行设计、执行、管理、运行、监督（在必要的外部支持下），而且对于这类基础设施和公共服务政府和市场相对不占优势，采用社区主导发展模式，让社区成员互相合作，在利用自有资源的同时尽量争取外部资源是一个很好的选择。

3. 广泛宣传发动群众

宣传发动是项目实施过程中一个非常重要的环节。在宣传发动阶段，项目组工作人员深入基层，利用各种方式宣传项目目标和社区主导理念，基本做到了家喻户晓，调动了广大村民参与项目的积极性和主动性，推动村民从“要我发展”到“我要发展”的观念转变，为实施项目提高社区和农民自我发展的能力奠定了民意基础，为项目的顺利实施营造了良好的环境。

4. 建立社区项目组织

行政村和自然村（村民小组）在民主决策的基础上分别组建了行政村项目决策委员会、项目监督委员会和项目实施小组、项目监督小组，由村、组干部和村民代表组成，且村、组干部不超过各级项目管理机构成员总数的 1/3，并且必须有妇女代表。这些由村民选举产生的项目管理组织，代表村民开展项目选择、项目采购（包括货物采购、施工单位选聘）、工程实施和监督，并监督项目的资金使用。为了保证社区和村民对项目活动的真正主导，项目还要求在项目选择、计划等重大事项中，必须召开村民大会或村民代表大会，并在项目各个环节对村民开放，对项目活动和资金使用情况要及时公开公示。

5. 聘请社区协助员，协助项目实施

考虑到项目前期实施的复杂性，并规范项目管理，同时确保政府与贫困社区之间沟通的效率，项目聘请了社区协助员支持项目实施。在世行扶贫五期项目下，社区协助员的作用非常重要，几乎贯穿始终。特别是在当前的环境下，大量农村青年外出打工，村里留守人员文化程度低，可以说，社区协助员对项目在村级层面的规范管理具有不可或缺的作用。

精准选择扶贫产业　助力贫困人口脱贫致富

——新疆维吾尔自治区驻村工作队案例

案例类型：产业扶贫，深度贫困治理

关键词：特色农业产业，驻村工作队，林下黑木耳种植

提交机构：新疆维吾尔自治区党委组织部

摘　要

产业扶贫是推动贫困地区长期可持续发展、帮助贫困人口就地就业的长远之计，但是不少产业扶贫存在产业选择不精准、缺乏技术支持和市场化运作、贫困人口内生动力不足等问题。新疆维吾尔自治区乌什县前进镇托万克麦盖提村（以下称“7村”）驻村工作队充分了解7村的贫困状况和产业扶贫中存在的问题，利用当地资源禀赋、产业基础等条件，开发林下黑木耳种植产业，并采用“企业+合作社+基地+农户”运作模式，带领村民脱贫致富。该模式可供借鉴的经验主要有两点：一是产业扶贫要因地制宜选准产业；二是产业在得到推广前需要试验种植和示范引领。

背 景

产业扶贫是推动贫困地区长期可持续发展、帮助贫困人口就地就业的长远之计，但是不少产业扶贫没有做到因地制宜，导致产业扶贫辐射能力弱、经济效益差，而且在产业发展过程中缺乏技术支持、市场化运作。另外，部分贫困人口缺少自主发展动力。

7村是一个少数民族村，2016年贫困户人均收入2985元（合442.71美元），产业结构单一，农作物收成不好。新疆维吾尔自治区党委组织部、老干部局驻7村工作队全面了解贫困状况后，结合产业扶贫中存在的问题，充分利用当地资源禀赋、产业基础等条件，反复论证、试验，开发林下黑木耳种植产业，并采用“企业+合作社+基地+农户”运作模式，带领村民脱贫致富。

项目实施

7村驻村工作队通过深入调研、反复论证，充分利用当地资源禀赋，选择林下黑木耳种植作为精准扶贫的产业。同时，工作队通过示范引领、技术支持、市场运作等方式，充分调动贫困户参与种植的积极性和主动性，实现真正的脱贫致富。

（1）通过深入调研、反复论证，选择林下黑木耳种植作为精准扶贫的产业。驻村工作队通过实地走访调研，了解贫困户的实际需求和村里的实际资源情况。调研发现，7村的产业结构相对单一，农作物以小麦、玉米为主，林果业以核桃为主，但由于地下水位高、土壤盐碱度高，所以粮食作物收成不好、林果品质产量不高。7村地处中纬度、中高海拔，气候凉爽，水资源丰富，林果面积大，非常适合各种菌类种植，因此工作队把菌类种植作为产业精准扶贫的主攻方向，引进蘑菇、木耳等菌种，经多次比对试验，最终选定浙江黑木耳 A3、A9 两个品种作为精准扶贫产业推广种植的品种。

▲ 驻村工作队引进林下黑木耳种植项目

（2）整合各种资源，明确各参与主体的职责。驻村工作队积极争取上级财政及企业支持，投资 200 万元（合 29.66 万美元），建设村办扶贫企业黑木耳菌棒厂。同时，结合核桃种植产业，工作队争取上级财政及企业支持，投资 200 万元（合 29.66 万美元）建设核桃深加工企业。项目实施主体为驻村工作队和村委会，乌什县财政局统筹管理资金，乌什县住房和城乡建设局负责立项、审批等事项，乌什县审计局负责资金监管。

▲ 驻村工作队建设 7 村黑木耳菌棒厂

（3）改变观念，让村民逐步认识、接纳黑木耳产业。由于很多村民不了解黑木耳种植，而且面对新事物缺乏认识判断能力，所以认为当地根本不可能种出黑木耳。因此，驻村工作队从改变思想观念入手，向村民广泛宣传种植黑木耳的良好经济效益、社会效益、生态效益和市场前景。

同时，为了获得村民对种植黑木耳产业的进一步认可和支持，2017 年驻村工作队选择 6 户贫困户试点种植黑木耳，2 个月就实现户均增收 8500 元（合 1260.64 美元）。2018 年年初，驻村工作队打造了 13.5 亩的黑木耳林下种植科技攻关示范基地，一方面由技术人员进行指导和数据测试，另一方面将其作为其他种植户的示范学习基地。驻村工作队通过召开现场会、示范户现身说法、村民参观等，全面介绍黑木耳的种植技术，做好黑木耳种植动员工作，按照先贫困户、后一般户的顺序进行推广。

▲ 驻村工作队组织村民参观学习，讲解黑木耳种植技术

（4）采用多种方式调动农户参与产业发展的积极性和主动性。针对部分贫困户主动脱贫的内生动力不足、动手不够的问题，驻村工作队发给村民育好种的菌棒，让他们在家只需进行浇水、转棒、覆膜、除草、晾晒等简单操作，后期采摘、销售就会获得收入。针对部分村民参与的积极性不高、管护措施不到位的问题，驻村工作队采用“奖勤罚懒”的方法，为积极申请种植黑木耳的贫困户发放电视机，提高村民参与的积极性。同时，驻村工作队每月组织评选黑木耳种植管理先进户，奖励先进户化肥、地膜等生产物资，提高黑木耳种植管理的效率和质量。

（5）技术支持、合作运营增加效益。为保证黑木耳的质量和收益，驻村工作队从浙江邀请黑木耳种植农民专家，一方面培养当地技术骨干，另一方面首先让驻村工作队队员和村干部掌握技术，为黑木耳推广种植提供技术保障。同时，驻村工作队成立黑木耳种植技术服务队，组织技术骨干每天走访查看情况、教授技术、解决难题，而且根据黑木耳种植的阶段性需要定期举办种植技术培训班。

7 村黑木耳产业采取“企业 + 合作社 + 基地 + 农户”的市场化运作模式。驻村工作队组织贫困户与农业龙头企业成立乌什县燕山情黑木耳种植农民专业合作社。该合作社以高于市场价格收购木耳，每千克一级、二级、三级干木耳的价格分别为 90 元（合 13.35 美元）、80 元（合 11.86 美元）、70 元（合 10.38 美元），并通过“保底分红、利益返还”的形式让种植户合理分享全产业链的增值收益。同时，该合作社注册“7 村黑木耳”品牌，设计产品包装，注册地理标志商标，申请有机认证，建立销售网络，积极联系新疆维吾尔自治区内外高校、国有企业、大型超市签订销售合同，打通销售渠道。此外，该合作社建设黑木耳种植示范基地，作为种植户的示范学习基地，提高黑木耳种植的科学化、规范化，实现种植效益的最大化。

▲ 驻村工作队举办黑木耳种植技术培训班

▲ 7 村黑木耳参展第六届中国-亚欧博览会

成　效

1. 提高家庭收入，贫困人口内生动力显著增强

种植黑木耳亩均收入 1 万元（合 1483.11 美元），分别是小麦、玉米亩均收入的 25 倍、12.5 倍。通过产业扶贫，7 村贫困人口全部实现脱贫，2018 年人均收入达 13 258 元（合 1966.30 美元），同比 2016 年增长了 3.5 倍。村民的生产生活方式明显改变，精神面貌大大改善，内生动力显著增强。

2. 多渠道增加贫困人口的就业机会

驻村工作队引导 100 余名村民（其中贫困人口 36 人）到村办企业菌棒厂、核桃深加工厂就业，村民可得到月工资 2500 元（合 370.77 美元）；组织 56 名村民（其中贫困人口 28 人）组成施工队，承包村里的黑木耳拱棚建设项目，村民可得月工资 3600 元（合 534 美元）。同时，驻村工作队建设 7 村农民培训学校，举办菌类园艺工、核桃加工、黑木耳种植技术等培训班，累计培训村民 4400 余人次，实现劳动力培训全覆盖，全面提高村民的就业技能，为长期脱贫致富奠定了良好基础。

▲ 吸纳贫困户到黑木耳菌棒厂就业

真实故事

贫困户图妮萨汗·居麦家有4口人，13亩地种植玉米、小麦，年收入不足1万元（合1483.11美元）。丈夫几年前去世，她一个人带着3个上学的孩子，生活举步维艰。在驻村工作队的帮助下，2018年图妮萨汗·居麦在自家院里种植黑木耳，短短4个月增收1.1万元(合1631.42美元)。同时，她在村里的核桃厂工作，每月可增收2200元(合326.28美元)，家庭年收入达3万多元(合4449.32美元)。

经验与启示

1. 产业扶贫要因地制宜选准产业

7村驻村工作队坚持因地制宜，充分利用当地资源禀赋和市场需求，既着眼于短期收益，又考虑长期增收，找准了适合当地发展的脱贫产业。各地资源禀赋千差万别，在选择产业时不可急于出成绩，凭一腔热情行事，而要立足当地实际情况。

2. 产业在得到推广前需要试验种植和示范引领

试验是推广的基础。在适合项目选择的环境，选择 2 ～ 3 户有 5 ～ 8 年果树种植经验的贫困户，进行黑木耳项目试种。试种结束后，对项目的推广价值进行综合评估，研究确定黑木耳能否在当地推广种植。在试种成功的基础上，积极争取项目资金建设菌棒厂，广泛宣传黑木耳种植前景及经济效益，扩大种植面积，打造黑木耳种植示范基地，培育种植示范户，让更多村民直接看到黑木耳带来的经济效益，为大面积推广黑木耳种植做准备。

企业全要素投入推动可持续脱贫

——以万达集团在贵州省丹寨县包县扶贫为例

案例类型：产业扶贫，旅游扶贫

关键词：包县扶贫，全要素模式，旅游扶贫

提交机构：北京大学光华管理学院

摘　要

企业扶贫的全要素模式是指企业不仅进行产业扶贫发展经济、增加就业，而且从教育、社会兜底等其他方面实施扶贫项目，实现经济、教育、信心、社会环境等全方位的提升，最后达到可持续脱贫的效果。万达集团通过包县帮扶贵州省丹寨县，建设“丹寨万达小镇”，使丹寨县从默默无闻的贫困县一跃成为黔东南苗族侗族自治州的“旅游新星”。万达集团丹寨扶贫在实践过程上反映了“动力—过程—结果”系统地解决贫困问题的工作思路；在实践行为上体现了“把企业家精神注入扶贫事业”的突出特点；在实践结果上不仅解决了物质上的短

期贫困问题，还谋求精神、行为、社会文化方面的长期扶贫效果。

万达集团包县扶贫的经验可以总结为真心投入、社会创业、科学决策、机制创新、专业运营、注重实效、深度融合、持续发展。该模式具有普适性。这种源自实践的经验对企业参与扶贫开发颇有借鉴价值，对贫困地区的可持续脱贫更是意义重大。

背　景

大量反贫困的研究与实践表明，导致贫困的原因是复杂的系统，而非个别因素，因此把贫困归于自然生态条件、资金、技术，或者人口素质的观点都不具有说服力。虽然从贫困经济运行的不同侧面可以找出不同原因，但是各个单独侧面的原因都无法完整地概括贫困的综合成因。

万达集团是以现代服务业为主的大型企业集团，2018 年企业资产约为 6257 亿元（合 928 亿美元），收入为 2143 亿元（合 318 亿美元）。万达集团重视扶贫工作，结合二十余年的扶贫经验，开创性地提出企业包县扶贫的方案，即万达集团承诺帮扶丹寨县在 2019 年实现全县整体脱贫。通过大胆实践，万达集团在丹寨县兴办贵州万达职业技术学院，建设丹寨万达小镇，每年发放兜底扶贫资金。这些扶贫项目的实施不仅对解决丹寨县贫困问题具有立竿见影的效果，而且发挥了丹寨县扶贫的长期作用。

项目实施

▲ 丹寨万达小镇全貌

2014 年，万达集团与丹寨县政府签订包县扶贫协议，先后捐资 21 亿元（合 3.1 亿美元）在丹寨县开展长期、中期、短期扶贫项目。其中，3 亿元用于建设贵州万达职业技术学院，通过教育扶贫提高当地人口的教育水平、职业技能，达到长期扶贫的效果；13 亿元用于捐建丹寨万达小镇，通过旅游产业促进地方经济增长、增加就业岗位，收到“一人就业全家脱贫”的扶贫效果；5 亿元用于设立万达产业扶贫基金，每年拿出 0.5 亿元用于设置扶贫劳动公益性岗位，开展生产（劳动）扶贫奖补，对特殊人群实施生产生活救助。

▲ 贵州万达职业技术学院全貌

▲ 当地群众获得扶贫基金支持

其中，大部分扶贫工作主要是依托丹寨万达小镇进行的，通过建设丹寨万达小镇，在小镇实施综合性的扶贫工程，覆盖就业、医疗、教育、生产等各个环节。丹寨万达小镇的建设开发与运营管理过程可以分为三个阶段，即提供动力、控制过程和落实效果，如下图所示。

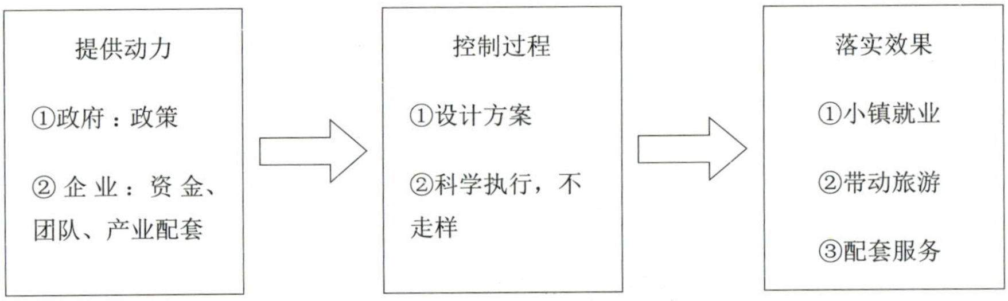

▲ 丹寨万达小镇扶贫项目的实施过程

（1）提供动力。一方面政府提供政策，通过行政力量支持扶贫项目快速启动。2014 年 12 月万达集团与丹寨县政府签约以后，丹寨县政府成立了 10 个人编制的丹寨县万达集团帮扶工作协调办公室，专门对口协调和服务万达集团的扶贫工作。另一方面企业投入资金、专业团队，配套产业资源，启动扶贫产业。万达集团对建设丹寨万达小镇非常重视，成立丹寨万达小镇商业管理有限公司，负责具体项目的建设运营。

（2）控制过程。控制过程主要包括两个方面：一是选择正确的扶贫项目，二是科学执行。

第一，万达集团在扶贫项目选择上形成了一套严密的机制，即立项、形成初步思路、实地调研、多方论证、方案优化、方案落地、效果评估、董事长最终决策，程序严格。综合权衡之后，万达集团决定建设丹寨万达小镇。

第二，科学执行。一是在时间把控上，速度就是生产力，果断决策非常重要。二是在科学性把控上，方案论证、方案优化必须科学理性，宁缺毋滥，杜绝任何形式的武断马虎、不负责任。三是在质量把控上，万达集团利用领先的设计技术、先进的管理方法，保证施工质量。

（3）落实效果。第一，在经济方面，丹寨万达小镇为劳动力转化为经济价值搭建平台，提供了保安、环卫、服务员等 1255 个就业岗位，人均增收 2.7 万元。贫困人口还可以选择农家乐、销售农作物和手工艺品等方式增加收入。

第二，在精神与行为方面，丹寨万达小镇吸引了周边县市和全国各地的游客与旅游团前来参观旅游；丹寨万达小镇商业管理有限公司定期组织商户培训，从商业理念、服务技能、职业素养等方面提高他们的就业能力。

第三，在社会文化方面，传统手工艺品得以复兴，当地非物质文化遗产得以传承和发展。

▲ 旅游业创造的市场让更多当地年轻人重拾民族传统手工艺

成 效

1. 丹寨万达小镇的建设对丹寨县脱贫具有明显的效果

第一，丹寨县贫困人口的经济收入显著增加。丹寨万达小镇 2017 年累计接待游客 550 万人次，是 2016 年丹寨县游客数量的 6 倍；丹寨县 2017 年旅游综合收入达 24.3 亿元（合 3.6 亿美元），是 2016 年全县旅游综合收入的 4.4 倍。丹寨万达小镇带动全县 1.6 万贫困人口实现增收，有力助推了丹寨县脱贫攻坚。

第二，新增就业岗位减少了丹寨县贫困人口的数量。丹寨万达小镇开业以来，共带动丹寨县超过 20 个产业全面发展，全面带动卡拉村、泉山村、甲脚村、石桥村等 27 个景区和旅游村寨的游客量持续增加，直接或间接创造 1.6 万个就业岗位，减少贫困人口 5.65 万人。

▲ 通过线上和线下认领，扶贫茶园为当地茶农提供就业岗位

第三，丹寨县的贫困发生率持续下降。2011 年丹寨县的贫困发生率为 49%，全县人口大约一半是贫困人口，但是 2016 年丹寨县的贫困发生率降到 22.71%，2017 年继续降到 16.62%。

2. 万达集团的包县扶贫具有可持续性效果

第一，对当地居民的调查显示，一年来丹寨县群众生活质量提高、学习进取意识增强、社会交往增多、生活满意度显著提高。

第二，万达集团将现代商业理念引入丹寨县，使丹寨人转变思想观念，积极发展旅游产业，努力改变落后现状。在现代商业理念的影响下，他们的职业技能、专业水平、敬业精神都有了极大的提升。

第三，丹寨万达小镇提高了丹寨人的生活满意度，为他们提供了休闲娱乐场所，开发了更多特色商品，展示了丹寨特色文化，提高了丹寨县的知名度和影响力，加强了丹寨县与外界的联系，增强了丹寨县百姓的自豪感。

第四，万达集团对丹寨县的教育事业和传统文化复兴具有推动作用。贵州万达职业技术学院为丹寨学子创造了接受职业教育的机会，丹寨万达小镇也为复兴丹寨县传统民族文化产业提供平台。

真实故事

刘开芬（48 岁）一家 4 口人，丈夫生病，没有劳动能力，两个女儿还在上学。一家人就靠刘开芬一人支撑，艰难地维持家里的基本生活。2017 年万达集团进入丹寨县后，刘开芬一家的生活终于有了大的改观。她先是拿到了万达集团扶贫产业基金发放的 6000 元（合 892 美元）分红，又顺利地在丹寨万达小镇的国春银饰有限责任公司找到了工作，每月基本工资加分红为 3100 元（合 461 美元），一年能增加近 4 万元（合 6000 美元）的收入。她家的生活条件已大大改善。

经验与启示

1. 企业机制、专业运营能提高扶贫效率、放大扶贫效果

在扶贫实践中，企业包县参与扶贫、全程跟进扶贫事业，有助于把控扶贫过程、提高扶贫效率。从动力注入、资金支持到形成方案、优化落实，再到效果评估、各项跟进等方面，企业专业运营可以高效、科学、高质量地推动扶贫事业的发展，放大扶贫效果。

2. 万达集团丹寨县扶贫实践形成的企业扶贫的全要素模式，可供其他企业借鉴运用

万达集团丹寨县扶贫的用企业家精神扶贫的全要素模式如下图所示。

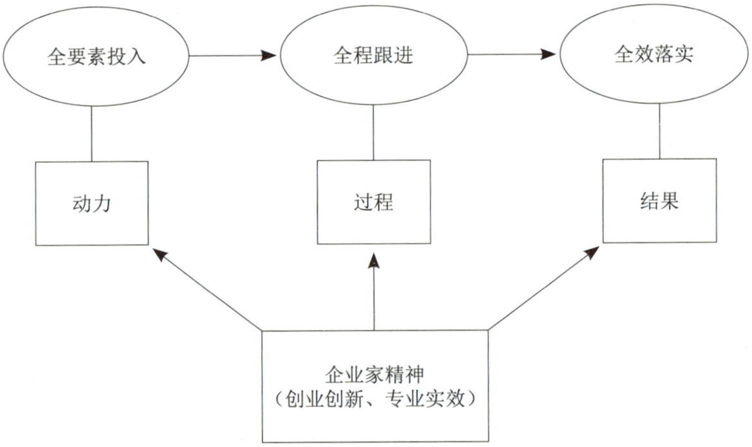

▲ 用企业家精神扶贫的全要素模式

用企业家精神扶贫的八项经验可总结为：真心投入、社会创业、科学决策、机制创新、专业运营、注重实效、深度融合、持续发展。从实践过程看，万达集团丹寨县扶贫反映了"动力—过程—结果"系统解决贫困问题的工作思路；从实践行为看，万达集团丹寨县扶贫体现了"把企业家精神注入扶贫

事业”的突出特点；从实践结果看，万达集团丹寨县扶贫不仅解决了物质上短期贫困的问题，还谋求精神、行为、社会文化方面的长期扶贫效果。该模式具有普适性，可供其他企业借鉴运用，具有推广价值。

综合施策推动深度贫困地区脱贫

——以中国农业大学团队的“河边实验”为例

案例类型：产业扶贫，深度贫困治理

关键词：复合型产业，深度贫困治理，公益性助贫中心

提交机构：中国农业大学中国南南农业合作学院，中国农业大学人文与发展学院

摘　要

深度性贫困群体是指生活在落后地区、边远山区、少数民族地区的集体陷入多维度贫困陷阱的群体，是今后和未来中国农村扶贫工作的主要目标，是扶贫工作的重中之重与难中之难。中国农业大学团队在云南省勐腊县勐伴村河边村小组（以下简称“河边村”）探索出一种通过综合施策帮助深度贫困地区摆脱贫困的扶贫模式，即在充分借助公益组织力量的基础上，结合当地的生态环境和特色资源大力发展包括旅游业、现

代种植养殖业在内的复合型产业，推动深度性贫困群体减贫。其中，可供借鉴的经验主要有两个：第一，深度贫困地区摆脱贫困须综合施策，多角度、多产业地推动经济发展；第二，公益组织、高等院校可以通过社会实践、实验帮助贫困地区脱贫。

背　景

深度性贫困主要表现为不同规模的群体性的福利缺失。这种整体性表现在整个村庄，甚至更大范围内大部分群体都处于贫困状态，而且贫困往往是由整个地区的经济、社会发展落后造成的，通过实施单一政策实现地区脱贫的难度很大。河边村（常住人口）共有 57 户，206 人，人口以瑶族为主，人均水田地仅为 0.67 亩，人均旱地也只有 2.95 亩。河边村无硬化路，经济发展条件恶劣，农民生活的主要来源是种植业和养殖业，持续增收十分困难。中国农业大学团队从 2015 年开始在河边村开展“河边实验”，研究如何通过综合施策帮助当地摆脱贫困。

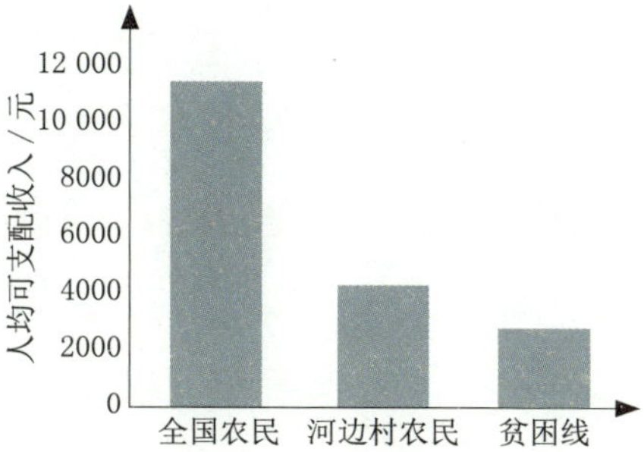

▲ 2015 年农民人均可支配收入对比

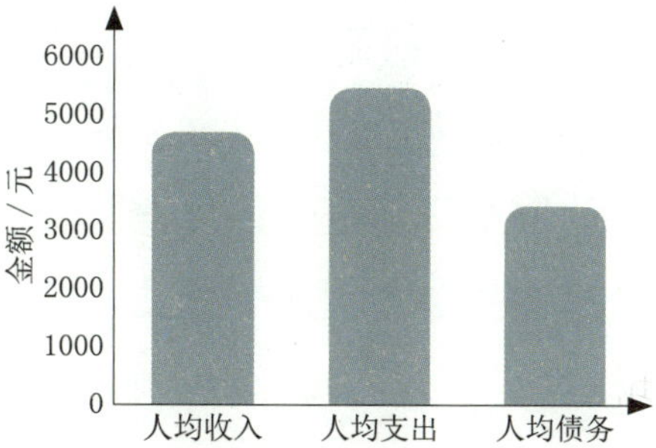

▲ 2015 年河边村人均收入、支出和债务

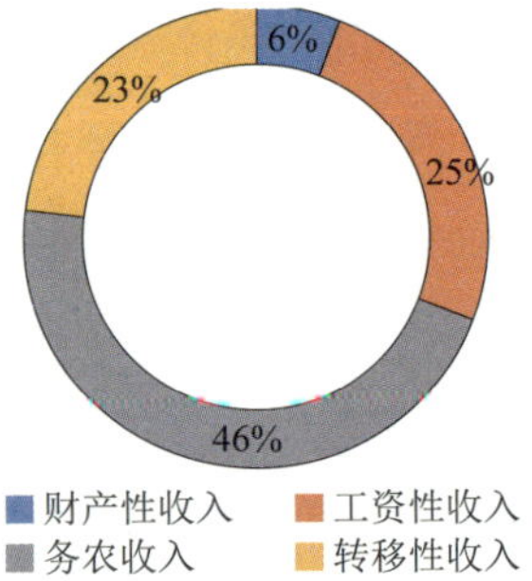

▲ 2015 年河边村农民收入来源

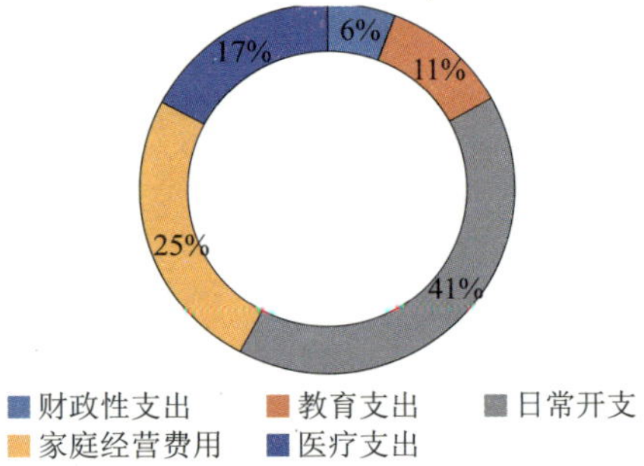

▲ 2015 年河边村农民支出结构

项目实施

对深度性贫困进行综合治理需立足三个维度：一是有效的社会保障，二是高强度的收入提高，三是贫困农户的能力。因此，中国农业大学团队提出了通过“输血”为“造血”创造条件，发展既能大幅度提高农户收入又能规避市场风险的复合型产业体系。主要措施：第一，整合各方资源；第二，构建实施团队；第三，完善基础设施，发展特色民宿；第四，利用现代科技发展种植养殖业。具体实施如下。

1. 整合各方资源

李小云教授于 2015 年年初发起成立勐腊小云助贫中心（以下称“小云助贫中心”），以筹措“河边实验”所需的社会资源。小云助贫中心成立以来，先后得到浙江敦和慈善基金会、友成企业家扶贫基金会、爱德基金会、中国妇女发展基金会、招商局慈善基金会、南都公益基金会、中国扶贫基金会、比尔及梅琳达·盖茨基金会等优质公益机构的支持，累计筹集了 300 多万元（合 44.49 万美元）的社会资金用于“河边实验”。小云助贫中心在 2015 年、2016 年、2017 年借助“99 公益日”腾讯乐捐平台，围绕“河边实验”中的综合治理项目活动，筹措资金共计 1 932 037.49 元（合 286 541.91 美元）。此外，勐腊县政府及勐伴镇政府还调配了近2000万元（合296.62万美元）用于河边村的基础设施建设，如村庄道路、农户房屋、产业扶持。

2. 构建实施团队

2015年5月开始，小云助贫中心向社会招募志愿者进村开展规划工作，先后有10多名来自全国各地的专业志愿者来到河边村开展志愿服务，完成河边村深度性贫困综合治理中基础设施和人居环境改善的规划工作。

▲ 李小云就河边村规划与村民开展参与式讨论

3. 完善基础设施，发展特色民宿

2015年10月，勐腊县政府和勐伴镇政府依托整乡推进、兴边富民工程，整合投入资金600万元（合88.99万美元）硬化进村道路。同时，县、镇两级政府共整合各类项目资金近1500万元（合222.47万美元），启动了河边村安居房建设工程。

在此过程中，李小云提出了“嵌入式瑶族民居”的概念，避免千篇一律的民宿模式，打造将传统与现代相结合、客居与主居相融合的瑶族特色民居，并提出了“包容性休闲旅游”的概念，即尽可能避免有实力的外部公司直接介入、截取贫困农民最大收益的弊端，利用政府投资的“输血”，通过技术的投入、设计与创新，转化为“造血”的基础性资产条件。

▲ 曾经的河边村房屋简陋，无硬化道路

▲ 改建后的河边村全景

在政府对主体基础设施和住房投入的基础上，小云助贫中心筹集补充性社会资金 200 多万元（合 29.66 万美元），进行景观示范、客房建设及卫生间的建设与改造。此外，勐腊县委政法委员会作为河边村的挂包帮扶单位，持续开展村内小型公共设施建设和产业扶持。

▲ 河边村特色民宿“瑶族妈妈的客房”内景

▲ 李小云在河边村儿童活动中心与孩子们交流

4. 利用现代科技发展种植养殖业

中国农业大学团队首先建立了“热带雨林天然出品”的微电商平台，将河边村的鸡蛋开发成了每个 10 元的“河边雨林”鸡蛋。由于农户所养的鸡完全以昆虫和野生植物为食，所以鸡蛋具备了纯天然的特点。中国农业大学团队与农户商议，保持原生态养殖规模，不扩大生产，保证质量，进行订单式销售，探索市场性扶贫的机制。同时，他们动员农户利用房前屋后道路两侧的土地种植木瓜、柚子、芭蕉等当地特色产品，形成河边村的辅助性产业。河边村的冬瓜猪是极具当地特色的畜牧资源。小云助贫中心申请项目将分散养殖的冬瓜猪集中养殖，从而改善村民的居住环境。此外，小云助贫中心与上海的生鲜销售公司洽谈产销合一的冬季蔬菜生产，帮助村民发展基础性产业，作为原有农业种植的有益补充。

成　效

第一，农户收入大幅增加。目前，河边村共有 41 户居民建成了嵌入式客房，特色民宿为他们带来了可观的收入。据统计，截至 2018 年 5 月，河边村已经累计承接了近十场大型会议及公益旅游活动，为以后持续打造小型会址经济和发展休闲旅游业奠定了重要的基础。目前，41 户居民的客房平均年收入为 7600 元（合 1127.16 美元），最高收入为 19 000 元（合 2817.90 美元）。此外，河边村建成了 5 家餐厅，平均每家餐厅年收入为 14 000 元（合 2076.35 美元），农户的最高年收入为 22 000 元（合 3262.84 美元），最低为 5000 元（合 741.55 美元）。小云助贫中心打造的“河边雨林”鸡蛋已累计销售近 3000 个，有的农户收入高达 3000 元（合 444.93 美元）。

第二，农户的可持续发展能力得到增强。河边村复合型产业基础已经形成，高收入的主导型产业的盈利模式初见成效，农户正在学习按照现代理念把握市场，提高自主管理和经营能力。同时，为了确保河边村农户收入的可持续增长，小云助贫中心还协助河边村农户创办专业合作社，帮助农户有效连接市场，动员并科学指导农户经营客房，真正将河边村打造成小型会议经济与高端休闲经济并重的社区。

真实故事

卢某是河边村村队长，家里有妻子和两个儿子，共4人。贫困调研显示，2014年卢队长家的收入来源单一，主要是甘蔗和砂仁，年收入合计约1.8万元（合2700美元），负债约5万元（合7400美元）。在河边村扶贫过程中，卢队长的生计策略被不断调整。在当地政府和小云助贫中心的支持下，卢队长自筹资金建起了新房，还拥有了一间嵌入式的客房。同时，小云助贫中心还帮助他建起了明亮的餐厅。

这几年里，卢队长也逐渐理解了复合型产业的重要性，开始琢磨构建自家的复合型产业。考虑到村里大多数家庭都有饮酒的需求，他开起了自烤酒作坊，还开始在自家的池塘里养鱼。

多元复合型产业增加了卢队长家的收入。2018年，卢队长家的收入接近3万元（合4500美元）。除了建房贷款之外，他家已基本无其他外债。相比收入的变化，家庭生活的变化更加直观。2017年，卢队长一家从过去人畜混居、没有窗户的破旧木屋搬进了宽敞明亮的干栏式木楼。

经验与启示

第一，深度贫困地区摆脱贫困需要综合施策，要多角度、多产业地推动经济发展。“河边实验”的初步成果证明对深度性贫困群体而言，跳出贫困陷阱需要一个能带来高收益的新型产业，而且必须通过综合性治理的框架来实现。

第二，公益组织、高等院校可以通过社会实践、实验帮助贫困地区脱贫。“河边实验”探索了中国公益组织、高等院校如何在政府主导下发挥其独特作用的路径。这一路径主要在于高等院校和公益组织能否利用其智力和社会资源研究公益方案如何落地、如何与政府和农民进行有效的衔接。

第三，“河边实验”的做法与经验具有很高的推广价值。小云助贫中心在河边村深度贫困综合治理实验取得阶段性的成果之后，为了验证该实验的可行性，正在将这一实验成果进行初步推广。基于河边村的深度贫困特性，小云助贫中心于2017年选择了云南省永仁县外普拉村，作为深度贫困综合治理实验的推广社区。小云助贫中心将在“河边实验”中获得的关于综合治理的设计思路、实施经验运用于外普拉村，取得了不错的效果。

“农粮驿站”推动现代农业全产业链发展
——以安徽省固镇县农副产品产业与电商深度融合为例

案例类型：产业扶贫，电商扶贫
关键词：农粮驿站，电商平台，农产品产销对接
提交机构：安徽省扶贫办，固镇县扶贫办

摘　要

现代农业全产业链培育是未来的发展方向。通过政府引导、市场化运作，安徽省固镇县探索出符合当地实际的“农粮驿站 + 网点 + 贫困户”脱贫模式。该模式将产业和电商深度融合，从农业生产、农副产品加工、线上零售和线下批发着手，从生产端直接带动贫困户进行农业生产、订单生产，从农副产品加工端带动贫困户就业，从销售端带动经过培训的有能力的贫困户进行产品销售。组织化经营进一步激发了贫困户投身于农业生产的积极性，也推动其对提高农产品质量的新要求，带动全县 2200 余户贫困户稳定增收、稳定脱贫。固镇县的“农

粮驿站”电商扶贫平台为全国各地农村的农业全产业链发展提供了很好的借鉴，可以被各地引入运营，也可以合作合营，甚至加盟发展。

背　景

固镇县是农业大县，通过长时间发展特色种植养殖、生态旅游、电商等带动型扶贫产业，现有参与带动的新型农业经营主体 269 个。2018 年，全县建档立卡贫困户 11 724 户，发展产业项目 27 283 个，产业扶贫项目到户覆盖率达 99.2%，户均产业项目 2.33 个。

对农业产业扶贫来说，种出来农产品、养出来鸡鸭鹅都只是第一步，贫困群众无法及时准确获取市场信息、产品销路受限是主要的困难。因此，解决农产品滞销、拓宽销售渠道、对接农户生产与消费端才是农业产业有效发挥扶贫作用的关键环节，是帮助当地贫困农户脱贫致富的重要途径。

固镇县将农业产业和电商深度融合，探索出符合当地实际的“农粮驿站 + 网点 + 贫困户”脱贫模式，解决了农民，特别是贫困群众的农产品信息不准、销售困难的问题，把当地农产品市场通过电商平台推向全国，有效地提高了农产品的经济效益和农民的收入。

项目实施

固镇县通过吸引返乡创业人才建立“农粮驿站”，由企业投资管理、市场化运营，探索出“农粮驿站 + 网点 + 贫困户”脱贫模式，打通农产品销售渠道，促进贫困户大幅增收。同时，他们建立质量检测体系，助推农产品生产环节标准化发展。

1. 吸引人才返乡投资创业，建立“农粮驿站”电商销售平台

固镇县发布的“人才引进”鼓励政策，吸引大学毕业生黄计亮回家乡创办安徽省绿鑫生态农业有限公司，并开发自主知识产权的“农粮驿站”电商销售平台，投资约600万元（合90万美元）且全部自筹。

▲“农粮驿站”App界面

2. 通过“互联网+”拓宽农产品销路

采取“农粮驿站+网点+贫困户”的运行模式，通过线上零售、线下批发，线上展示、线下追溯，采取流转土地、订单采购、整合鲜活农产品等方式，利用“互联网+”销售贫困户自种自养的特色农产品。具体过程是消费者在“农粮驿站”App上将准备采购的农产品下单确认，“农粮驿站”客服接到订单后按照主粮类、家禽类、蔬菜类、蛋品类等进行区

分，采购人员按照订单数量将市场前移至贫困户家，上门收购贫困户的农产品，然后送至固镇县统一的定点屠宰、加工场所，农产品经初步加工后，被送至“农粮驿站”检测包装处理中心进行检测、溯源贴码、包装、装箱、发货，本市订单产品通过贫困户快递队伍送达，外埠区域订单产品通过快递公司被送到消费者手中，“农粮驿站”统一负责农副食品的收集、食品安全管理、售后服务工作。

▲ 贫困户通过“农粮驿站”销售家禽

▲“农粮驿站”包装销往全国各地的土鸡蛋

3. 企业运营与市场化管理，建立质量检测体系

“农粮驿站”的运营、管理及App平台网站的维护均由安徽省绿鑫生态农业有限公司负责。同时，“农粮驿站”对上架农产品进行质量监管，推动生产环节标准化，建立质量检测体系，确保销售的农产品达到质量要求。为实现长期健康发展，“农粮驿站”与农户建立了稳定的合作关系，同时通过农展会、超市等积极推介农产品，拓宽销售渠道。

成 效

1. 打通农产品销售渠道，销量大增，贫困户大幅增收

目前，在“农粮驿站”上销售的农产品已达200余种，固镇大米、五谷、黑花生、西瓜等农产品销往全国各地。“农粮驿站”带动2200余户贫困户，其占全县贫困户19%，实现年户均增收将近6000元（合900美元），增幅达71%，实现了稳定脱贫。由于农产品网上销售价格普遍高于当地价格，因此推动了贫困户进一步扩大生产规模、提高产品质量，实现了贫困群众增收的良性循环。

2.“农粮驿站”增加了贫困户抵御市场风险的能力，推动农产品的标准化生产，提高产品质量

“农粮驿站”为农户生产提供保障，不但有利于加快当地农业产业结构调整，生产出更多、更好符合客户需求的农产品，而且将逐步实现农产品的规模化、品牌化和标准化。

3.“农粮驿站”在当地多个村镇复制、规模化发展，将推动当地电商实现可持续发展

“农粮驿站”在政策引导下，采取公司化、规模化、市场化的运营模式，已经完成了在陡沟村级和刘集镇级扶贫电商试点工作，在固镇县所有乡镇建立镇级运营中心，正在按计划分批复制陡沟村级电商带贫发展模式。目前，“农粮驿站”上已开设农家电商小店 36 家，其中贫困户开设的有 18 家。未来将会建成集运营管理、订单处理、售后服务、AI 视频监控于一体的“农粮驿站”县级数据中心，推动电商扶贫向现代农村精细化电子商务迈进。

▲“农粮驿站”陡沟村电商服务中心的室内服务区

▲“农粮驿站”刘集镇电商运营中心及其农产品展示

4. 农业产业发展带动当地基础设施建设和公共服务改善

“农粮驿站”的投入运营带动农业产业加快发展，推动道路、宽带网络、电力等农村基础设施的改善，以及教育、医疗、基本养老等公共服务逐步提升。

真实故事

2018 年端午节期间，“农粮驿站”组织贫困户按照传统工艺包制咸鸭蛋和红豆沙等 4 种馅料的成品粽子，严格控制加工卫生条件和标准，再进行包装贴标后销往全国各地，一周内销售 5 万个粽子、6 万枚咸鸭蛋等，销售额超 20 万元（合 3 万美元）。仅此一项就帮助 18 户贫困户每户增收 1500 元（合 224 美元），增幅达 35.8%。

经验与启示

1. 培育现代农业全产业链是未来的发展方向

“农粮驿站”采取抱团发展、规模化生产，形成了全方位、更紧密的农业产业链条，对贫困户全部实行“订单生产”，共担风险、共享利益，带动贫困户扩大种植、养殖规模，采取生产、技术培训、加工、网络销售“全链条”的生产经营方式。这都是现代农业产业未来发展的方向。

2. 贫困地区的农产品电商销售要向规模化生产、组织化经营发展

农业产业和电商深度融合，可以从农业生产、农副产品加工、线上零售和线下批发着手，从生产端直接带动贫困户进行农业生产、订单生产；从农副产品加工端带动贫困户就业；从销售端带动受过培训有能力的贫困户进行户内产品的销售。规模化生产和组织化经营将进一步激发贫困群众投身于农业生产的积极性，也将增强农民提高农产品质量的意识，拓宽他们的脱贫致富路。

利用农业技术优势推动产业扶贫

——东北林业大学在黑龙江省泰来县的黑木耳产业扶贫项目

案例类型：产业扶贫

关键词：精准扶贫，生态型农业，食用菌栽培技术，黑木耳新品种

提交机构：东北林业大学

摘　要

生态环境相对脆弱的黑龙江省泰来县在经过深入调研后，结合自身土壤类型较多的资源优势，不断调整产业结构，以生态型农业为方向，将食用菌的栽培、加工作为发展的重要产业之一。食用菌生产具有“不与农争时、不与人争粮、不与粮争地、不与地争肥”的优势，但也存在生产所用菌种成本高、品种单一、培植人员专业技能不高、管理体系不科学等突出问题。针对泰来县的具体情况，东北林业大学充分发挥自身的学科优势和人才优势，组建了一支科研水平高、成果转化能力强的食用菌栽培技术推广扶贫团队，精准对接该县的资源环境优

势和国内外的市场需求，把学校的食用菌专家直接请到贫困户家中，把食用菌科技成果直接送到贫困户手中，面对面地讲解、手把手地教授，让贫困户最快速、最及时、最有效地享受科技成果带来的实惠，从试点到推广取得了卓著的成效，也逐渐探索出了一条有实效、可复制的食用菌产业扶贫之路。

背　景

我国的许多贫困地区自然环境恶劣，农业基础设施薄弱，发展传统的种植养殖业不仅效益不高，而且可能会对本就脆弱的生态环境造成更严重的破坏。地处嫩江下游的泰来县是黑龙江省沙漠化较为严重、生态环境较为脆弱的地区，主要产业为农业、林业和畜牧业，但受限于生态环境，发展缓慢、效益低下。近年来，该县结合自身实际，不断调整产业结构，以生态型农业为发展方向，将食用菌的栽培、加工作为发展的重要产业之一，但是在食用菌产业发展过程中存在生产所用菌种成本高、品类单一、种植人员的专业技能不高、产业管理体系不科学等突出问题。解决上述问题的有效办法就是更新技术，以专业的团队和先进的技术推动食用菌产业健康高效发展。泰来县是东北林业大学的帮扶对象。东北林业大学利用自身的技术优势，对泰来县的食用菌产业给予一系列的支持，取得了良好的效果。

项目实施

结合泰来县的实际情况，东北林业大学组建了一支高水平的食用菌栽培技术推广扶贫团队，逐步指导贫困户发展食用菌产业。从试点到推广，泰来县的食用菌产业扶贫项目取得了较为突出的效果。该项目的具体实施过程如下。

1. 依托当地的资源优势，确定精准扶贫项目

泰来县全境处于嫩江下游，县境域内土壤类型较多，适宜农业种植业结构的不断优化，而食用菌生产具有“不与农争时、不与人争粮、不与粮争地、不与地争肥”的优势。因此，泰来县通过深入调研，在全面了解情况及各种资源优势后，决定以生态型农业作为发展方向，将食用菌的栽培、加工作为重要的脱贫产业之一。

2. 遴选技术推广团队，设置扶贫专项经费

泰来县是东北林业大学的定点扶贫县。东北林业大学充分发挥自身的学科优势和人才优势，组建了一支科研水平高、成果转化能力强的食用菌栽培技术推广扶贫团队，来具体落实黑木耳产业扶贫项目。这支团队以博士生导师为领队，7 名教师与学生为队员，拥有“全光照袋栽黑木耳袋顶出耳新技术”“菌袋及其制作方法和使用该菌袋栽培黑木耳的方法”等食用菌栽培相关专利 9 项。该团队具有在黑龙江省尚志市、亚布力市等多地推广食用菌栽培技术的经验，科技成果转化能力突出，而且作风扎实、吃苦耐劳，与扶贫点及贫困户进行密切合作，能够保证扶贫项目取得成效。此外，东北林业大学还设置了食用菌产业扶贫专项经费，累计资助 60 万元（合 8.96 万美元），以便食用菌扶贫团队无偿为农户提供菌种、技术指导及相关服务。

3. 采用从试点探索、树立典型到大规模推广的组织实施方式

该团队于 2017 年年初首先在胜利乡哈拉村进行试验，当年即见效。将近一年时间，该村共计栽培黑木耳 4.3 万袋，成交额近 20 万元（合 3 万美元），有 5 户贫困户直接达到脱贫目

标，同时带动周边贫困人口 47 人增收。这次试点探索树立了典型，逐步推广黑木耳栽培技术，带动贫困人口增收。

4. 具体解决食用菌生产中存在的问题，做好技术人员培训和生产基地及设施改造工作

（1）根据泰来县的气候特点，选育出“黑厚圆”和“黑元帅”两个优势品种。

▲“黑厚圆”菌种及产品

▲“黑元帅”菌种及产品

（2）选用农林废弃物加工成的颗粒状木屑和秸秆、玉米芯、玉米须等作为栽培原料，替代部分细木屑，做好栽培原料的优化。

（3）把食用菌专家直接邀请到贫困户家中，把食用菌科技成果直接送到贫困户手中，面对面地讲解，手把手地传授。同时，开办食用菌生产技术、工厂化管理培训班，印发技术手册，现场一对一地指导，并指派经验丰富的食用菌技术人员长期驻村，进行全程详细指导。在技术团队的指导下，当地贫困人口学习掌握了一整套黑木耳生产流程及科学高效的黑木耳生产技术。

▲ 泰来县汤池镇贫困户集中进行黑木耳菌包“地摆”

（4）泰来县原有的食用菌产业以一家一户的小作坊式生产为主，设施落后，生产效率低下，在很大程度上阻碍了食用菌产业的发展。因此，食用菌栽培技术推广扶贫团队根据食用菌种植户的具体情况提出改进意见和解决方案，推动食用菌产业扶贫基地建设和生产设施的改造。

▲ 贫困户王德良夫妇正在采摘黑木耳

成 效

1. 形成了前景较好的规模产业

黑木耳的生产周期较短，一般为 3 ～ 4 个月。只要栽培技术过关，农户就不需要长时间投入人力和物力，可在较短时间内获得收入，具有立竿见影的扶贫效果。通过新品种、新配方和新技术，农户每种植 1 万包黑木耳，平均成本可降低 1500 元（合 223 美元），平均产量可增加 100 千克，按照黑木耳的市场价格每千克 60 元（合 8.9 美元）计算，每 1 万包黑木耳可使农户的收入增加 7500 元（合 1115 美元）。

▲ 黑木耳挂袋繁育新技术成功运用后，农户喜获丰收

2. 贫困农户三年每户平均增收 18.89%，增收 1443 元（合 215 美元）

三年多来，泰来县的食用菌产业取得了突破性进展，泰来县获得了实实在在的脱贫成效。东北林业大学的扶贫团队无偿提供给泰来县木耳示范基地价值近万元（合 1483 美元）的“黑厚圆”和“黑元帅”二级种共计 1500 袋，提供给汤池镇价值 17.5 万元的三级种 7 万袋，直接带动 79 户贫困户增产 1900 千克，并以每千克 60 元（合 8.9 美元）的市场价格售卖，使当地种植户平均增收 1443 元（合 215 美元），年均增幅达 19%，实现了稳定脱贫。

▲ 技术专家现场指导木耳采收晾晒工艺

真实故事

泰来县汤池镇伯大街黑木耳种植合作社在东北林业大学食用菌栽培技术推广扶贫团队的指导下，培育黑木耳6万袋，带动4户贫困户参与务工，年上缴收益2.3万元（合3432.8美元）。入合作社贫困户10户，2019年户均收入超过2000元（合298.5美元）。

经验与启示

总结泰来县食用菌高效栽培产业扶贫项目开展的成效和经验，主要有以下三点：

第一，农业特色产业扶贫项目的发展要有专业技术作支撑。东北林业大学利用自身的学科优势和人才优势，为泰来县的食用菌高效栽培注入科技的力量。选育的黑木耳新品种“黑厚圆”和“黑元帅”具有生命力强、抗性高、产量大、品质优的特点；全新的栽培料配方既实现了生产原料的持续供应，降低了生产成本，又使秸秆得到再利用，减少了焚烧带来的环境污染；研发陆谷黑木耳的栽培技术，在菌种选择、原料选择与处理、菌包制作、养菌与出耳管理等多个环节上都具有很大的创新性。

第二，农户的技术水平对种植养殖业的成败具有重要影响。农村种植业、养殖业、加工业等产业的发展对农户的专业技术能力提出了一定要求，然而我国贫困地区的农民大多受教育程度较低，专业技术不过关，因此，需要加强对农户的培训和指导，传授给他们更成熟、有效的技术成果。东北林业大学扶贫团队把食用菌科技成果直接送到贫困户手中，面对面地讲解，手把手地传授，让贫困户更快速、及时、有效地得到科技成果带来的实惠。

第三，产业扶贫需要有一定程度的规模经营，也需要建立贫困户能受益的利益联结机制。产业扶贫需要一个好的组织平台。实践证明，农业专业合作组织具有较强的组织优势、经济带动优势和利益联结优势，能够较好地将贫困地区的农户组织起来。不仅如此，农业专业合作组织还可成为除政府与贫困农户外的第三方，是政府与农户之间的中介。也就是说，在贫困地区发展农业专业合作组织能有效地将各类扶贫资源链接至贫困对象，提高扶贫资源的配置效率。

特色中草药产业助力贫困地区发展

——相宜本草红景天人工种植产业扶贫项目

案例类型：产业扶贫

关键词：红景天，人工种植

提交机构：上海相宜本草化妆品股份有限公司

摘　要

中草药是一个市场价值相对较高，但如果缺乏有效、科学的管理就可能带来极大风险的产业。中草药红景天是上海相宜本草化妆品股份有限公司（以下简称“相宜本草”）红景天明星产品的主要原材料之一。自2014年起，相宜本草开启红景天考察之行，寻找道地红景天用于产品开发。经调研发现，野生红景天具有很高的市场价值，但也面临严峻的濒危困境。因此，相宜本草决定与专注于红景天种植研究十余年的西藏自治区农牧科学院合作，将尝试红景天人工种植作为突破口，保护珍稀中草药。相宜本草先后在西藏自治区山南市桑日县洛村和乃东区索珠乡建立两个红景天人工种植基地，通过红景天人工种植产业化帮助当地减贫脱贫。可供借鉴的经验主要有两个：一是激发贫困农户的内生动力；二是东西部地区企业联动，带动了当地龙头企业的发展。

背　景

红景天是一种非常珍稀的中药材，具有提高免疫能力和预防高山症等作用。自西藏自治区旅游开放以来，红景天在市场上的需求量明显增多，但是由于人为的无计划采挖，红景天的种群数量呈明显下降趋势，分布格局也受到严重破坏。自2014年起，相宜本草开启红景天考察之行，寻找道地红景天用于产品开发。经调研发现，野生红景天主要生长于西藏自治区、云南省、四川省等高寒山区，具有很高的市场价值，但也面临严峻的濒危困境。因此，相宜本草决定与专注于红景天种植研究十余年的西藏自治区农牧科学院合作，将尝试红景天人工种植作为突破口，保护珍稀中草药。相宜本草先后在西藏自治区山南市桑日县洛村和乃东区索珠乡建立两个红景天人工种植基地，通过红景天人工种植产业化帮助当地减贫脱贫。

项目实施

从2015年开始，在当地政府的支持下，相宜本草通过与科研机构合作，先后在西藏自治区山南市桑日县洛村和乃东区索珠乡建立红景天种植基地，鼓励村民参与基地的日常管理和红景天种植，帮助他们改善生活。

首先，当地政府提供政策支持。2015年，相宜本草作为东部企业参与西藏建设，受到西藏自治区工商业联合会的高度重视。在其支持下，相宜本草与援助西藏发展基金会、西藏自治区农牧科学院合作，就红景天地上部分样品采集、种植技术的优化、愈伤组织的活性成分和知识普及等方面进行深入研究。之后，在西藏自治区工商业联合会的协助下，相宜本草与西藏自治区农牧科学院、西藏奇正藏药股份有限公司（以下简称“奇正藏药”）正式签订战略合作协议，在贫困地区山南市桑日县洛村占地 10 亩，建立第一个红景天种植基地，先后种植 6 万株红景天幼苗，鼓励全村 48 户农户参与红景天种植基地的日常管理。相宜本草委托奇正藏药对基地进行精细化管理，委托西藏自治区农牧科学院开展种植技术指导，安排农户通过轮流到基地从事日常灌溉、除草、除虫和整理等工作获得收益、改善生活。

2018 年，相宜本草的红景天种植产业扶贫得到山南市乃东区人民政府的大力支持。当地政府免费提供给相宜本草 10 亩土地，在索珠乡建立第二个红景天种植基地。相宜本草出资种植 1.5 万株红景天幼苗，尝试种子苗与组培苗的比对种植，进一步探索红景天人工种植技术。该种植基地建立了严格的管理模式与种苗存活率激励模式，鼓励农户参与种植。

▲ 2018 年 5 月，相宜本草第二个红景天种植基地在西藏自治区山南市乃东区索珠乡落成

相宜本草与西藏当地的科研机构合作。从2015年7月起，相宜本草与西藏自治区农牧科学院就红景天人工种植技术进行多轮考察调研，并于2016年3月签订战略合作协议，共同开展红景天人工驯化技术的探究与实践。双方计划每年以10亩土地的增量尝试种植大花红景天，首期种植项目周期为5年。

1. 开展红景天地上部分样品采集

相宜本草委托西藏自治区农牧科学院进行当地分布的红景天品种的药材品质评价及红景天地上部分的再开发研究，对不同使用部位、不同采集时间的红景天地上部分的基源植物样本进行采集、评价和筛选。西藏自治区农牧科学院负责根据红景天的生长情况，选择不同采集时间、不同采集地区等影响因素来收集满足实验用量的茎、叶、花等相关植物样本。

2. 进一步开展红景天种植技术的优化研究

相宜本草委托西藏自治区农牧科学院从环境因素对红景天品质的影响进行系统研究，如光照、肥料及土壤等因素对栽培红景天的长势与药材品质的影响。

3. 开展红景天愈创组织的活性成分研究

相宜本草委托西藏自治区农牧科学院通过组培方式获得红景天愈创组织，初步探究其中的活性成分与细胞活性，包括对试管苗诱导愈伤组织和取不同配方形成的愈伤组织进行信息登记、编号、分批送检。

4. 开展红景天知识普及

相宜本草委托西藏自治区农牧科学院红景天种植专家组，在研究周期内为贫困地区农户提供红景天知识普及服务。西藏自治区农牧科学院为相宜本草提供红景天种植技术方面的支持与帮助，帮助红景天种植项目顺利开展，辅导红景天基地的种植和管理人员学习红景天种植技术、田间管理技术等相关技术，提高基地种植和管理人员的相关技术能力。根据不同种植阶段的实际需要，西藏自治区农牧科学院不定期地指导种植人员进行种植管理，每月至少两次询问红景天的种植情况，并根据情况进行技术指导，主要的工作地点为西藏自治区山南地区。

▲ 2018 年 5 月，相宜本草的红景天幼苗开花了

成 效

截至 2018 年 5 月，相宜本草在西藏自治区山南市洛村、乃东区索珠乡先后建立两个红景天种植基地，种下 8 万株红景天幼苗，鼓励 1200 余户村民参与中草药种植与基地管理，帮助他们提高经济收入。

1. 贫困农户参与红景天基地的管理，增收可观

在洛村安排专人负责项目，组织基地现场的管理、生产和后勤保障，每月至少两次前往基地落实组织和保障工作，每周一次及时向相宜本草和西藏自治区农牧科学院通报基地生产管理的相关信息，尽力解答合作各方提出的问题。在洛村安排固定的现场管理人员，科学、正确地开展生产管理工作，达到必要的技术标准，并及时、准确地写好工作日志。

根据合同约定，相宜本草负责采购全部红景天种苗，除了支付给相关合作科研机构的咨询费以外，按照成活比例1∶1支付管理费，每年支付给农户管理费约2万元。若种苗的成活率达到65%，相宜本草还要支付给农户30%的额外奖励管理费约3万元，以进一步激发贫困农户自主脱贫的内在动力。

▲ 农户培育出的红景天种苗

2. 红景天人工种植技术逐步提升

相宜本草索珠乡红景天种植基地的落成，标志着红景天向规模化种植迈出了重要一步。在不同的环境下种植红景天，积累了野外大田种植经验，有助于进一步摸索标准化人工种植技术。截至2018年，索珠乡种植基地的红景天存活率已突破

80%，对于进一步规范化、科学化、规模化种植红景天是一个重要的突破。

▲ 2019 年 4 月，索珠乡种植基地的红景天存活率已突破 80%

3. 保护当地珍稀中草药——大花红景天

2014 年，相宜本草成立红景天考察团队，在全国四省六地寻找道地红景天用于产品开发，在发现野生大花红景天的同时，也了解到其濒危的状况。多年来，相宜本草尝试与西藏自治区农牧科学院合作，在两个种植基地的实践中一次次攻破技术难关，逐渐摸索出了一套红景天人工驯化技术和种植基地管理模式。相宜本草于 2019 年 5 月在西藏自治区日喀则市江孜县红河谷国家农业科技示范区建立第三个红景天种植基地，还与该园区进一步深化技术合作，建立组培育苗试验室和技术团队，构建“园区 + 企业 + 农牧民”三位一体的利益联结机制，在红景天人工种植技术逐渐稳定、优化的基础上，以园区为辐射基地，进一步扩大红景天种植面积，提高单位亩产效益，力争带动当地建档立卡贫困户增收，打造产业精准扶贫的新模式。

▲ 2019 年 5 月，相宜本草与经销商、志愿者等社会各界人士前往红景天种植基地考察

真实故事

2017 年，相宜公益基金会启动“青年人才成长计划”，旨在通过对贫困地区青年人才的挖掘资助与个性化培养，为他们提供合适的学习与实践方案，打造优秀青年成长训练营，带给他们更多的知识、智慧和文明，带动他们为当地的发展助力。

白玛曲宗，25 岁，西藏自治区山南市洛村青年，大专毕业后立志建设家乡，没有稳定工作。家中父母主要以种地、饲养牲畜维持生计；妹妹在林芝上学，无经济来源。相宜公益基金会在对白玛曲宗进行一年的考察后，决定将她列为“青年人才成长计划”的培养对象，对其进行资助，并于 2018 年 3 月将她选送至西藏自治区农牧科学院跟随红景天种植专家学习种植技术。她不仅平时参与组织培养室幼苗接种，还跟着项目组下乡种植中草药以积累实践经验。她还被相宜公益基金会选派至北京参加专业学术论坛并学习考察，进一步全方位提高其理论水平和业务水平。

相宜公益基金会每月给白玛曲宗的资助费用，不仅能够确保她在拉萨市的日常生活开支，也能帮助她贴补家用，使她安心学习红景天种植技术。经过一年的学习和深造，她不仅熟练地掌握了红景天幼苗接种技术，还能够将红景天种植技术分享给村民，带领村民更好地管理红景天种植基地，保障基地红景天幼苗的存活率。

▲ 2018 年 3 月，相宜公益基金会将山南市洛村青年白玛曲宗选送至西藏自治区农牧科学院学习红景天种植技术

经验与启示

红景天产业扶贫的成功经验和启示主要有以下两点：

第一，激发贫困农户的内生动力。“种什么品类、怎样种好、销量”是贫困农户的困扰所在。相宜本草的红景天人工种植基地引领贫困户主动参与种植过程，为他们提供就业岗位、阶段性的种植技术指导，解决了他们遇到的技术难题，充分调动了他们参与种植的积极性，通过“输血 + 造血”推动了贫困户自己发展红景天种植产业。

第二，东西部地区企业联动，带动了当地龙头企业的发展。相宜本草从人力资源管理、品牌建设、领导力建设、销售技巧、市场运营、互联网推广等方面提供辅助支持，同时在核心技术壁垒上提供包括中草药种植、储存、运输等全方位支持，帮助当地龙头企业在软实力和竞争力上提高综合能力。

打造美丽村庄推动贫困地区发展

——三星（中国）投资有限公司“美丽乡村——分享村庄”项目

案例类型：易地扶贫搬迁，产业扶贫

关键词：住房，基础设施建设，产业

提交机构：三星（中国）投资有限公司

摘　要

三星（中国）投资有限公司（以下简称“中国三星”）与中国扶贫基金会一直致力于改善贫困地区农村生产发展、保留村庄生态环境及倡导乡风文明、提高村民收益，合作开展了“美丽乡村——分享村庄”项目。项目选择了两个典型的贫困村，即陕西省富平县薛镇十二盘村和河北省保定市涞水县南峪村，作为项目实施村。该项目不仅投资当地村庄硬件建设，而且带动产业发展，实现农民增收、过上安居乐业生活的美好期望。该项目可供借鉴的经验主要有两点：一是扶贫工作需要具有专业知识的团队提供支持；二是依托当地特色，打造本土脱贫模式。

背　景

中国三星与中国扶贫基金会合作开展了“美丽乡村——分享村庄”项目。该项目旨在通过把我国贫困地区农村建设成美丽乡村，从而推动贫困地区的乡村脱贫和发展。

该项目选择了陕西省富平县薛镇十二盘村和河北省保定市涞水县南峪村作为项目实施村。两地都是典型的贫困山区农村，贫困户数量集中，地处偏僻，交通不便，文化观念落后，生活条件差，村民收入多是靠天吃饭。近年来，随着与相邻乡镇、村庄的差距越来越大，村民增收、改善生活条件的意识也越来越强烈。“美丽乡村——分享村庄”项目不仅投资当地村庄硬件建设，而且带动产业发展，实现农民增收、过上安居乐业生活的美好期望。

项目实施

2014 年 11 月，中国三星与中国扶贫基金会联合启动“美丽乡村——分享村庄”项目，并选择陕西省富平县薛镇十二盘村和河北省保定市涞水县南峪村作为项目实施村。项目周期为 3 年，每个村投入 1500 万元（合 222.47 万美元），合计投入 3000 万元（合 444.93 万美元）。2018 年，双方达成协议，开展第二期合作项目。中国三星计划每年投入 1000 万元（合 148.31 万美元），共投入 3000 万元（合 444.93 万美元），用于建设 5 个高端民宿产业帮扶村和 5 个农产品生产基地，进一步扩大精准扶贫范围，助力脱贫攻坚战。

1. 合理选择项目实施地点

陕西省富平县薛镇十二盘村位于薛镇北部山区，山大沟深、自然条件恶劣、交通闭塞、没有特色产业。因此，当地政府组织十二盘村村民进行易地移民搬迁，建设薛镇北部山区移民搬迁安置区。2014 年年底，中国三星、中国扶贫基金会及美丽乡村项目团队、资源开发部团队先后两次实地考察，了解安置区情况，同当地政府做好项目衔接工作，摸清当地产业发展状况，沟通产业发展规划，确定搬迁安置区后续村庄发展的模式。

河北省保定市涞水县南峪村面临耕地不足、产业缺失、年轻劳动力大量外流等问题。经考察团实地调研发现，该村具备良好的地理、自然资源优势，是野三坡风景名胜区门户，距离核心景区半小时车程，具备与野三坡风景名胜区深度联动的潜力。同时，全村拥有近几十栋富有地方特色的建筑、具备改造利用价值潜力的闲置民宅，可创新打造特色乡村民俗产品及太行部落；以花椒、麻核桃、山杏、柿子为代表的特色农产品种植面积达数百亩，具有加工、包装成特色旅游商品的实际潜力。

2. 搭建详细的项目组织架构，明确项目分工

中国扶贫基金会是整个“美丽乡村——分享村庄”公益项目的执行方，建立专门的美丽乡村项目团队驻点协助项目实施，并有资源开发团队协助开展两个村庄建设。

在“分享村庄——薛镇北部山区移民搬迁安置区”项目启动之前，安置区民居与基础设施已由当地政府规划完毕。中国扶贫基金会的美丽乡村项目团队在政府基础设施规划下，支持民居及基础设施建设，并协助十二盘村进行产业规划、建立合作社发展特色产业。

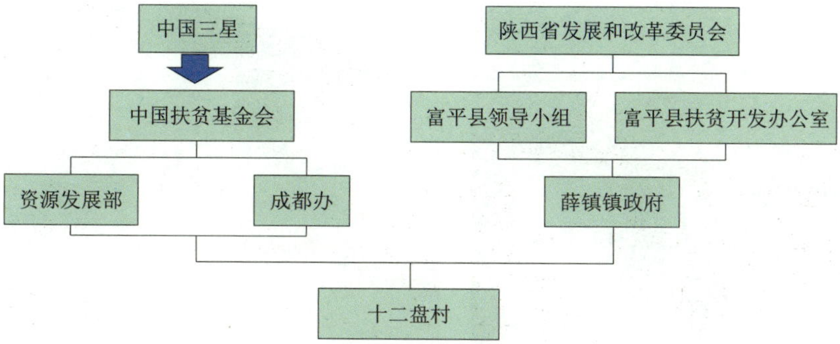

▲“分享村庄——薛镇北部山区移民搬迁安置区”项目组织架构

在“分享村庄——涞水南峪村”项目执行中，当地政府参与度低。经专家研讨、中国三星与中国扶贫基金会共同确定建设与发展规划，从土地流转、房屋搭建到装潢布置、产业发展等都由项目团队自主实施。

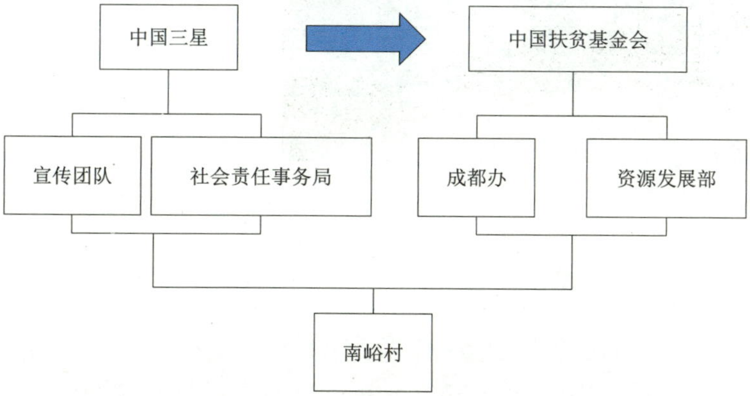

▲“分享村庄——涞水南峪村”项目组织架构

3. 全面改善生产、生活设施条件

两个项目都全面改善了居民的生产、生活设施条件，集中新建、修缮住房，安装自来水管道，修建水冲式厕所，使农户的居住环境得到有效改善。同时，项目完善道路、水电及文化广场、活动中心等配套设施建设，使村容村貌得到大幅改善。

▲ 民宿外景之一

▲民宿外景之二

▲ 民宿外景之三

4. 因地制宜发展特色产业

为了让搬迁居民在搬迁后有稳定的增收途径，薛镇北部山区移民搬迁安置区发展了奶山羊养殖与柿子树种植两大产业。安置区引入陕西富地银州现代农业公司建立奶山羊养殖基地，同时流转承包300亩土地用于种植柿子园产业，最终形成“柿子园-奶山羊”产业链。

南峪村依托交通便捷、独特的自然资源等优势，发展民宿产业。该项目将原有破旧的房子进行现代化装修，作为农家宾馆使用，同时以花椒、麻核桃、山杏、柿子为代表的特色农产品种植面积达数百亩，通过加工、包装成为特色旅游商品，增加了民宿产业的收入。

▲ 民宿内景之一

▲ 民宿内景之二

成　效

1. 村民居住环境得到明显改善

截至目前，薛镇北部山区移民搬迁安置区已完成 120 户居民的房屋建设，居民告别原有山区破旧的土坯房，陆续搬进新社区。以前村民在老村只能靠天吃水，如今新居家家都有自来水；告别传统旱厕，每户均修建水冲式厕所，100% 覆盖新村。南峪村离北京距离较近，村里劳动力大量外流，村落出现空心化，部分房屋闲置、毁坏。该项目对这些破旧被弃的房子流转进行现代化装修，使村庄风貌得到改善。

2. 发展当地特色产业，开拓农户增收渠道

薛镇北部山区移民搬迁安置区发展了奶山羊养殖与柿子树种植两大产业，为新村村民提供近 50 个岗位，人均工资性年收入可达 1 万元，使村民的生活发生了根本性的改变，收到了良好的帮扶效果。南峪村开发了民宿产业。2016 年，合作社与运营方约定，运营方在民宿正式投入运营之前一次性缴纳每套院子 3 万元（合 4449.32 美元）作为合作社的保底收入，3 个月之后按照实际营收情况进行核算。截至 2017 年，村庄内 8 套院子投入使用，民宿产业总收入 170 万元（合 25.21 万美元），利润达 40 万元（合 5.93 万美元）。2018 年，南峪村实现营业收入 265 万余元，此次普通户人均 700 元（合 98.84 美元），贫困户人均 1400 元（合 197.69 美元），户均 2267 元（合 320.12 美元），分红资金共计 55 万余元。2018 年，合作社与运营方重新约定，项目自 2019 年 1 月 1 日起按照民宿营业额进行分成，甲乙双方各自承担税金，甲方承担营业额的 30%，乙方承担营业额的 70%；在经营期内，乙方承诺向甲方支付分成保底金额不少于 67.5 万元（合 9.53 万美元）。另外，该项目对当地村民进行“管家培训”，让村民实现家门口就业，2018 年带动村民就业超过 100 人，其中建档立卡贫困户超过 30 人。

真实故事

蔡景兰一家是河北省保定市南峪村的贫困户。她的丈夫早年患病，儿子做汽车配件的加工，女儿是一位盲人。在南峪村“美丽乡村——分享村庄”项目落地之前，蔡景兰是家里的主要劳动力，每天都要到施工队做工，

每个月最多赚2000元（合296.62美元），工作结束后回家还得照顾老人与病人。但是，随着年龄的增长，她的身体逐渐不能负担工地繁重的劳动。

“美丽乡村——分享村庄”项目启动后，蔡景兰被选为精品民宿“麻麻花的山坡”4号小院的管家。经过两个月的严格培训和考核，她顺利上岗。

蔡景兰每个月至少赚到2500元（合370.77美元）的工资，加上年底分红，已经摘掉了贫困的帽子。

▲ 蔡景兰正在打扫客房

经验与启示

1. 扶贫工作需要具有专业知识的团队提供支持

中国扶贫基金会是在民政部注册、由国务院扶贫开发领导小组办公室主管的全国性扶贫公益组织，拥有一大批致力于扶贫的专业人才队伍，扶贫经验丰富。此外，中国扶贫基金会更是一个整合扶贫资源的平台，吸收来自全国各地不同行业的专家与专家团队。该项目在执行过程中充分利用平台自身优势，获得大批专家的实地指导，保证选点的合理性，减少甚至规避在实施过程中的风险，让扶贫行动更专业、更具科学性与可行性。

2. 依托当地特色打造本土脱贫模式

该项目点产业规划均在实地考察、多方验证、专家指导的基础上，综合考虑当地区位、人文与社会等多层因素，依托当地特色农业、牧业与资源优势，打造本土脱贫致富模式。富平县不仅是中国的“奶山羊之乡”，还是著名的“柿子之乡”。项目在已有的两个特色产业基础上，打造“柿子园-奶山羊”产业链；南峪村交通便捷、环境优美且气候宜人，具有独特的环境资源优势，该项目在此基础上发展民宿产业。两种模式各有千秋，本土特色浓厚，有利于项目落地扎根，保证持续性发展。

职业技能培训助贫困人口脱贫

——以陕西省紫阳县“修脚”技能脱贫模式为例

案例类型：就业创业扶贫

关键词：职业技能培训，“紫阳修脚”技能脱贫模式

提交机构：陕西省紫阳县人民政府

摘　要

在减贫实践中，由于职业技能培训与就业未能充分结合，造成职业培训流于形式、减贫效果差，主要表现为培训的针对性不足、无法满足市场需要、无培训配套产业、培训与就业衔接不足。陕西省紫阳县探索出了“紫阳修脚”技能脱贫模式，即充分发挥当地著名企业郑远元专业修脚保健服务集团有限公司（以下简称“远元集团”）诚信品牌的市场效应，由企业结合目前市场状况组织劳动力进行面向市场的培训，并直接为培训者找到相关岗位，解决了培训与就业对接难的问题。从2014年4月至2019年4月，紫阳县共举办修脚、足疗等各

类技能培训班460多期，结业学员3.08万人，学员就业率超过70%，有17 500多位“紫阳修脚师”走上就业岗位，月工资稳定在4500元（合650美元）以上。该模式带动近3万人脱贫，占全县脱贫人口的50%，减贫成效显著。我们认为该模式有三点成功经验：一是由远元集团提供培训师资，并负责全部教学计划的实施，有效地针对市场进行培训；二是当地政府与远元集团签订就业协议，进行订单式培养，直接解决部分学员的就业问题；三是当地政府整合人力资源和社会保障、教育、扶贫、农业四大培训资源，为技能培训提供了较为完善的配套设施。

背　景

成功的职业技能培训能够有效地提升贫困人口的职业技能，促进就业、创业，带动全家脱贫。失败的职业技能培训项目往往不能发挥应有的减贫作用，其主要问题在于培训对象选择不精准、培训的技能不符合市场需求、市场缺少与培训技能相配套的产业、培训后没有为学员提供相关就业和创业支持等。

紫阳县位于中国陕南秦巴山区，是国家级贫困县和陕西省深度贫困县，也是劳动力资源及转移就业大县，有劳动能力的贫困人口数量较多，贫困人口通过参加职业技能培训提升自身能力、实现稳定就业的需求强烈。修脚是中国民间一种专为足疾患者修治脚部皮肤和趾甲病痛的技艺，是一种中医治疗方式，有广阔的市场需求，市场收益不菲。陕西省紫阳县以“修脚”技能培训为例，探索出一种实践验证可行的脱贫模式。紫阳县提供的职业培训项目还包括特色烹饪、职业茶农、家政月嫂、建筑劳务、电子商务、服装缝纫等，可供学员自选。其中，修脚的选择人数最多，效果也最好。

▲ 修脚师技能培训教学现场一

项目实施

从 2014 年开始，紫阳县政府与远元集团合作开展修脚师技能培训，主要开展以下工作：

（1）紫阳县政府负责提供硬件和资金支持，投入 3000 万元（合 448 万美元）建设紫阳县职业教育中心，用于开展包括修脚在内的各类职业技能培训。

（2）紫阳县政府成立专门机构，负责培训项目的组织实施工作。针对贫困劳动力的免费技能培训项目面向社会公开，按照自愿报名的原则，积极引导贫困人口参加培训。

（3）企业负责提供师资和课程设置，按照行业规范标准进行严格培训。培训时间为每期 12 天。实施封闭式住校管理。

（4）贫困人口参训学员的食宿费、培训费、教材费用等，全部由紫阳县政府承担。培训合格的学员每人补贴 100 元（合 15 美元）交通费。实现学员全程零负担参与培训。

（5）根据协议，企业在学员完成培训后提供安置岗位，直接上岗，并就工资收入、食宿安排等做出承诺，如入职路费由企业承担。

（6）对于吸纳贫困人口就业的其他企业，按每人 500 元（合 75 美元）进行奖励，鼓励企业多用贫困人口。

（7）设立学员维权和就业服务机构，负责就业人员的回访及员工与企业的纠纷处理，保障学员的正当权益，确保稳定就业。

（8）鼓励培训合格的贫困劳动力自主创业，对首次创业者给予 8 万～ 10 万元（合 12 000 ～ 15 000 美元）的贷款支持，由紫阳县专项创业贷款担保基金进行担保或贴息。

▲ 修脚师技能培训教学现场二

▲ 欢送修脚师培训班学员上岗就业

成 效

从 2014 年到 2019 年年初，紫阳县共举办修脚师培训班 334 期，结业学员 25 045 人，学员就业率超过 70%，有 17 535 名“紫阳修脚师”走上就业岗位，月工资稳定在 4500 元（合 650 美元）以上，平均增收 2000 元（合 297 美元），增幅达 80%，减贫成效显著。

职业茶农、家政月嫂、服装缝纫、特色烹饪、电子商务、建筑劳务等其他项目合计培训 126 期 5769 人。学员培训后合计就业 4017 人，人均月收入增加 1500 元（合 224 美元）。

在各类培训中，贫困劳动力 13 295 人，带动 10 970 人实现增收脱贫。参训学员中有女性 15 139 人，人均月收入增加 2300 元（合 343 美元）。

真实故事

紫阳县城关镇天星村村民王华银参加培训前无业。家庭成员 2 人（他因身患小儿麻痹症落下残疾行走多有不便，70 多岁的母亲年迈体衰并患肺结核、阿尔茨海默病），没有任何经济来源和收入，靠民政低保和政府救济维持生活。2015 年 2 月 1—12 日，王华银参加修脚技能免费培训，共 12 天，个人不承担任何费用，培训结束后领取交通补助 100 元（合 15 美元）。2 月 28 日，他到远元集团的西安樱花路修脚店就业，月基本工资 5000 元（合 747 美元），享受免费食宿。2017 年，他的年总收入（含工资、提成）近 10 万元（合 14 900 美元），实现全家稳定脱贫。

经验与启示

紫阳县职业培训的成功经验有以下几点：

（1）精准识别贫困人口，政府提供培训场所，并全额补贴培训费用。自 2014 年 4 月至今，紫阳县政府共投入资金 5000 万元（合 705 万美元）。其中，政府财政 1200 万元（合 185 万美元），就业培训 3800 万元（合 520 万美元）。2014 年共投入 3000 万元（合 448 万美元）建设的紫阳县职业教育中心，可持续使用 20 年。

（2）整合其他政府部门有关职业培训的项目、资金，统筹使用，最大限度地提高了政府资源、资金的利用率，避免浪费。

（3）企业确定培训内容，确保所培训的技能符合企业需求。

（4）政府与企业签订协议，实行订单式培训，确保合格的学员全部就业。修脚及其他各类培训班共培训学员 4 万人，实现就业 3 万人（就业率为 75%）。

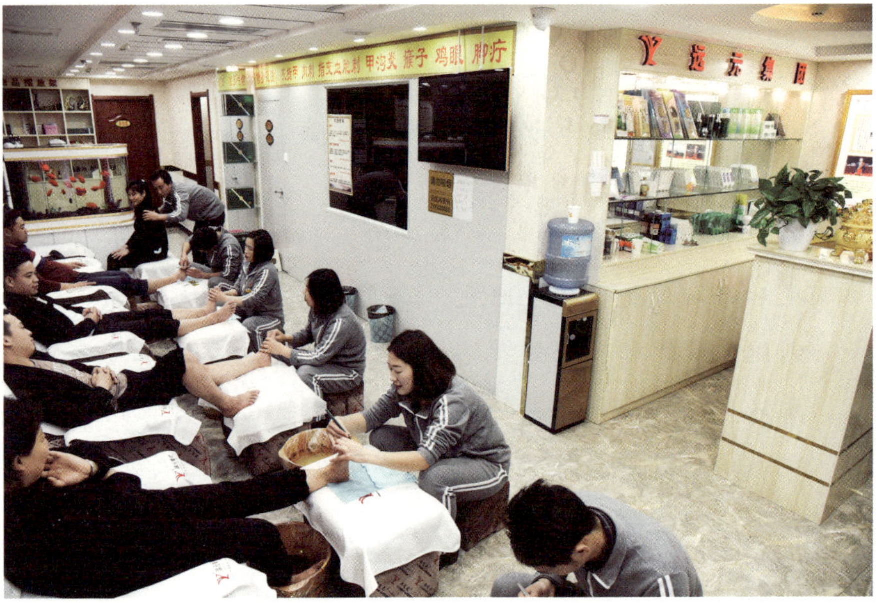

▲ 培训合格的修脚师在工作岗位上

该项目具有较好的可持续性。

（1）该模式在政府的引导支持下，企业和贫困人口都能稳定受益。

（2）充足的从业人口和高质量的职业技能培训，提高了企业的经营服务水平，市场占有率稳步提升。经过实践，参与该项目的企业规模不断壮大，效益也越来越好。2014—2018年，远元集团的营业年收入从 4 亿元（合 5974 万美元）增长到 52 亿元（合 7.65 亿美元）。

（3）该模式以政府投入启动，但随着企业实力增强，企业的投入比例正在逐步提高。目前，远元集团已在国内其他地方自行开办类似培训基地 16 个，总投资额 2000 万元（合 287 万美元），举办修脚师培训班 192 期，结业学员 16 864 人。在这些培训项目中，政府均没有再投入。

（4）“紫阳模式”具有良好的复制推广性，已在国内 40 余个县区得到推行，均收到了较好的效果。

▲ 欢送紫阳县外出务工人员返岗复工

借力职业教育阻断贫困代际传递
——以百年职校公益职业教育扶贫模式为例

案例类型：就业创业扶贫
关键词：公益职业教育，百年职校
提交机构：百年职校

摘　要

职业教育扶贫是指通过向贫困家庭子女提供职业教育，帮助其摆脱贫困的扶贫方式。职业教育扶贫在实施过程中会存在贫困学生家庭负担不起相关费用、教学质量无法得到充分保证、学生培养重技术轻素质等问题，无法充分发挥帮助贫困家庭子女摆脱贫困、阻断贫困代际传递的功效。因此，百年职校探索出了“公益职业教育”的扶贫模式，即发挥社会各界力量免费为贫困家庭学生提供职业教育，同时注重教学质量与学生的长远发展，有效解决了以往职业教育扶贫中存在的问题。可供借鉴的经验主要有四点：第一，百年职校充分利用社会各界力量，在办学与教学过程中得到了政府、企业、基金会、学生家长和其他合作办学机构的支持，解决了办学场地、经费等问题；第二，重视学校制度建设，根据学校发展情况，建立了完善的教育质量评价机制和校长考核机制，保证教学质量；第三，注重综合素质培养，着眼于学生未来的成长能力，为学生以后的继续成长创造了有利条件；第四，重视职业培训与就业的衔接，学生在校所受教育均为当前就业市场最需要的职业做准备，学生毕业即就业。

背　景

贫困家庭子女往往因经济困难、家长受教育水平较低、地区教育水平落后等得不到良好的教育，无法通过提高自身的知识水平来改善家庭经济状况，由此形成贫困代际传递。此外，一些扶贫对象在脱贫以后，由于知识水平限制，个人发展能力较弱而再次陷入贫困。可见，只有提高个人发展能力，各项扶贫措施才能持续长期见效。因此，如何提高贫困人口的知识水平，让他们学习掌握必备的知识技能，增加他们的收入，成为当前社会关注的焦点。2005 年，在一批爱心人士的支持下，社会企业家姚莉女士建立了中国第一所全免费公益职业学校——百年职校。该校免费向贫困家庭子女提供正规的中等职业教育，将学生未来发展所需的人生技能和当前实现就业所需的职业技能训练结合起来，为许多年轻人解决了继续教育和就业问题，帮助他们摆脱了贫困。

项目实施

为了让更多贫困家庭子女接受免费的、适合以后自身发展的职业教育，百年职校采取了一系列措施来提升贫困家庭子女的技能水平，为他们以后的个人发展打下良好的基础。项目采取的主要措施：第一，社会各界人士多方协作，成立百年职校；第二，建立明确的规章制度，指导学校日常运营；第三，严格控制招生对象，入校学生均来自贫困家庭；第四，多渠道引进教师人才，建立完整的教育和管理团队；第五，以提高学习能力和就业技能为目的，实施“个人学习计划”；第六，与企业密切合作，确保职业教育的出口是企业就业。各项措施的具体内容如下。

▲ 北京百年职校首届学生毕业典礼

1. 社会各界人士多方协作，成立百年职校

2005 年，一支由人力行政、教学管理、学生工作、财务后勤等构成的建校团队组建而成，之后这个团队开展各项具体筹备工作：先在北京市东城区民政局登记注册为“民办非企业单位”，并在北京市教委取得职业学校的办学许可；通过慈善

募捐整合社会资源，解决了办学的资金与场地问题；聘任少数全职团队负责行政事务及日常管理。

2. 建立明确的规章制度，指导学校的日常管理

百年职校采取企业化管理，理事会是学校的最高决策机构，依照《百年职校理事会章程》规定行使职权、承担责任，理事不领取任何报酬。同时，为保障学校的正常运行，学校实行企业式管理：按 ISO 9000 标准建立质量管理系统和操作手册，设立质量督导；开发“百年树”网络信息管理系统、全方位数据库，覆盖学校全部工作，将区块链的溯源思维运用于教育教学管理；保证财政资金运用的透明度，在财务上执行严格的预算管控制度，并且分别于每年公立年度与校历年度聘请会计师事务所进行财务审计，确保财务管理符合国际会计准则与国内的相关政策法规。

3. 与企业密切合作，多渠道引进教师人才，建立完整的教育和管理团队

为提高教学质量，百年职校聘请多所高校的专家级教师与多位职业技能专家加入学校教学团队，建立了基础课和专业课两大教学团队。为了保证教学质量的提升，百年职校建立了一支由在企业管理或教育领域具有行业影响力的资深专家组成的专家顾问团队。专家们负责在学校新课程开发、教学法研究、教师团队培训等方面提供支持。

4. 严格控制招生对象，入校学生均来自贫困家庭

为了保证将免费教育提供给贫困家庭，百年职校主要面向经济困难家庭招生，家庭经济困难是学生入学的首要条件。为确保资助的学生符合条件，百年职校通过地方政府相关机构组织、公益组织、推荐人推荐等方式招收家庭困难学生。

▲ 谷歌工程师为百年职校的学生们上课

5. 以提高能力为目的，确保教学质量，不返贫

学校坚持教育以育人为目标，坚持全员德育，为学生设置提高社会适应能力的人生技能课程与培养就业能力的职业技能课程。学制三年，前两年在校学习，第三年在企业实习。结合学生的实际情况，为每个学生制订个人学习计划，以保证所选课程符合他们的学习基础、学习节奏、兴趣特长与发展目标。

▲ 大连百年职校口腔技师班的课堂

▲ 安哥拉百年职校酒店服务专业班的课堂

6. 与企业密切结合，确保就业

职业教育的出口是企业就业。百年职校的扶贫模式是学生毕业后立即就业，因此学校与 200 多家企业合作，共同开设课程，建立实习基地。由于开设的课程符合市场需求，实习过程得到有效监控，百年职校的毕业生供不应求。

▲ 安哥拉百年职校机械专业班的现场教学

成 效

百年职校的公益职业教育项目给贫困家庭子女带来了学习的机会，培养了他们的工作技能。从整体来看，公益职业教育项目取得了以下成效。

第一，贫困家庭学生实现有效就业，生活水平得到提高。2005—2018 年，百年职校累计接收家庭困难学生 6800 余人，4100 多名毕业生全部实现就业。北京百年职校的毕业生多数已经成为企业的骨干，进入管理层的月薪超过 10 000 元（合 1400 美元）。30% 的学生在工作之余还会报考各类学校接受继续教育，进一步提高生活水平。

第二，个人发展与家庭脱贫同步实现。对学生个人来说，从在校第三年开始实习，学生可以获得稳定收入；毕业后，学生获得正规学历，有助于找到理想工作或继续深造。对于家庭而言，学生在校期间的生活得到保障；实习后学生的工资可以维持家庭生活；毕业后学生有稳定工作，家庭有望实现脱贫。

第三，百年职校的毕业生用自己的能力回报社会，积极参加公益活动，反哺社会。目前，百年职校毕业生已经为学校捐款超过 200 万元。

真实故事

来自河北省三河市的一期毕业生王林家庭贫困。为了给妈妈治病、供哥哥上学，他放弃了上重点高中的机会，无奈选择辍学打工。百年职校了解到王林的情况后，主动联系他到学校读书，为他提供免费的职业教育。在校期间，王林充分利用学校免费提供的职业教育，刻苦学习，积极钻研，刚毕业就被一家物业公司聘用。由于业绩突出，王林已经担任物业公司的经理，不仅帮助家里还清了所有债务，还被评为北京市青年技术能手。毕业后的他并没有忘记学校对自己的培养，时刻牢记回报社会的使命。2018 年，由于工作表现突出，他所在的物业公司给予他 5000 元（合 741.55 美元）的奖励金，他把这笔奖励金全部捐给了百年职校。几年来，王林共为百年职校捐款近 20 000 元（合 2966.21 美元），捐款用于支持百年职校的后续建设。

经验与启示

第一，通过建设开放的公益平台，获得社会各界的广泛支持。从本质上说，百年职校相当于一个开放性的公益平台，通过社会各界的帮助为贫困家庭子女免费提供教育机会。在百年职校发展过程中，各类企业、个人、基金会发挥了巨大的支持作用，很多组织通过捐款、捐物的形式为学校提供办学所需的资金和专业设备，多家单位通过项目合作的形式对百年职校给予支持。

第二，通过建立教学评价机制来保证教学质量。为了使教学质量得到保障，百年职校搭建起多元的教学质量评价机制与校长绩效考核机制，对教授课程超过20课时的教师与校长的管理水平进行评价，为教学持续革新提供依据。

第三，着眼于学生未来的成长能力，培养综合素质。百年职校建立了人生技能和职业技能两大课程体系，在保障就业的同时，着眼于学生未来的持续成长，重视学生的品德教育，多角度鼓励学生进行自我管理，培养学生自我发展的能力。

▲ 安哥拉百年职校 2016 级学生毕业典礼

利用电视传媒激发贫困人口内生动力

——以海南省脱贫致富电视夜校为例

案例类型：扶志扶智，教育扶贫

关键词：海南省电视夜校，技能培训，激发内生动力

提交机构：海南广播电视大学（海南省脱贫致富电视夜校工作推进小组办公室）

摘 要

激发贫困户内生动力，实现扶贫扶志相结合是实现贫困地区有效脱贫的关键，但在脱贫攻坚过程中一些贫困户存在“等、靠、要”的思想顽疾，脱贫内生动力不足。海南省立足省内现实，通过在全省推行“电视 + 夜校 + 服务热线”的扶贫模式，在每周固定的时间段播出不同专题，宣传国家的扶贫政策，开通服务热线，解决脱贫过程中群众关切的问题，有效地激发了贫困群众的内生动力，较好地实现了扶贫与扶志相结合。该模式可供借鉴的经验主要有两点：第一，信息不对称是

阻碍贫困户发挥自身潜力、摆脱贫困的重要障碍，政府部门应着力建设易于获取有用信息的平台；第二，实现持久脱贫，需要不断加强农村文明风气建设，探索贫困人口教育的新机制，提高贫困群众的思想认识与知识水平。

背 景

2016 年，海南全省建档立卡贫困户 10.6 万户，贫困人口 47.7 万人，贫困人口总量不大，但脱贫任务仍然艰巨，主要原因有：一是自然条件优越，贫困户生存压力小，不用太多付出，就能“生活得很舒适”；二是有些贫困户认识不到位，缺少较强的脱贫内生动力，“等、靠、要”思想浓重；三是有些贫困户虽有较强的脱贫愿望，但对扶贫政策缺乏了解，缺少技术与资金的支持，脱贫能力不强；四是一些帮扶干部对政策不熟，能力不强，办法不多，措施不实。针对存在的以上问题，海南省政府整合广播电视、远程教育站点、互联网、移动终端等各种资源，发挥媒体快捷、直观、教育面广等优势，自 2016 年 11 月起开办电视夜校。电视夜校采用“电视 + 夜校 + 服务热线”的模式，每周一晚上 8 点至 9 点由海南电视台播出一个专题节目，解答贫困人口最关心的问题，既讲相关政策又讲农业技术。专题之后，帮扶干部组织讨论或继续学习半小时以上，技术性的问题由电视夜校组织专家到田间地头解决，开通 961017 脱贫致富服务热线以解决群众关心的问题，从而有效地激发了贫困人口的内生动力。

项目实施

为了调动各参与部门的积极性，为贫困家庭提供高质量的脱贫致富节目，海南省政府采取了多项政策措施。主要措施有：第一，政府全力推动，相关部门密切配合；第二，制作针对性强、接地气的教学内容，确保教学质量；第三，落实责任到个人，激发组织者的参与动力；第四，引入新技术及配套管理设施，保障教学目标的实现。

1. 政府全力推动，相关部门密切配合

在电视夜校的推进过程中，电视台只是作为一个传播平台，电视夜校的转播内容需要各部门针对贫困群众的发展需要详细设计。为此，海南省政府成立了脱贫致富电视夜校工作推进小组，由海南省委组织部作为牵头单位，海南省扶贫办等 14 个省职能部门为成员单位，海南广播电视大学和海南广播电视总台为承办单位。在海南广播电视大学设立的海南省脱贫致富电视夜校工作推进小组办公室，负责日常工作，负责选题、选教师、教学设计与田间地头的技术培训等工作；海南省广播电视总台负责专题节目；有关厅局参与授课、接听热线咨询电话和工单办理。各部门各司其职，密切配合。

2. 制作针对性强、接地气的教学内容，确保教学质量

电视夜校选派五类教师主讲五类专题，即领导干部讲政策、院校专家讲产业、农科人员讲技术、帮扶干部讲办法、致富典型讲经验。电视夜校专家团队大都具有高级职称，策划能力强，熟悉海南农村生活、成人教育与技术培训。紧紧围绕受众需求，突出“身边人讲身边事”“身边的技术人员解决实际问题”，确保其学有所悟、学有所获，有效解决了“看不懂”的问题；用方言俚语解读和引导，设置有奖问答，调动现场气氛，增加趣味性，解决了“看不长、没兴趣、效果差”的问题。

3. 落实责任到个人，激发组织者的参与动力

海南省电视夜校的管理工作都由从省到村的党组织负责

人承担。海南省委组织部负责电视夜校的组织领导和监督考核指导工作，将电视夜校工作列入各级党委的年度考核和党建述职的重要内容。各市县（区）将电视夜校办公室设在组织部，乡镇党委书记或副书记担任分校校长，村党支部书记或驻村第一书记担任教学班负责人。市县乡镇主要领导带头到教学点听课与讨论，基层干部以多种多样的课后活动帮助贫困户巩固学习成果。

4. 引入新技术及配套管理设施，保障教学目标的实现

海南省电视夜校项目积极引入“钉钉管理系统”，对教学工作进行实时督查。其中，海南省委督查室负责全省电视夜校的督查工作，各市县成立巡回督查组对农村教学班开展督查，对工作不到位的相关责任人进行严厉通报问责，对考核成绩好的单位、个人进行表彰。

▲ 961017 脱贫致富服务热线的客服人员在接听群众来电

成 效

创办两年来，海南省电视夜校取得的主要成效有以下四个。

第一，实现了电视夜校的基本全覆盖，为农民解决生产、生活问题提供了新途径。自开办以来，电视夜校共播出专题节目 146 个，平均每期参学人数 58 万人，海南省 900 多万人口中有 500 余万人参加过相关学习；接听热线电话 63 071 个，处理工单 45 493 个，组织田间地头学习培训 100 余次，为包括贫困群众在内的广大农民带来了大量的实用知识与致富经验。

第二，增强了贫困群众脱贫致富的内生动力。电视夜校普及扶贫知识，宣讲扶贫政策，增强脱贫致富积极性的作用明显。临高县临城镇头星村村委会的贫困户林青说："电视夜校给了我一个学习的机会，让我的思想有了很大的变化。致富有千条万条路，只要勤劳就有路。天上不会掉馅饼，好日子也不会自动送上门。"

▲ 2017 年 4 月 22 日晚，海南省澄迈县福山镇福山社区群众在观看《脱贫致富电视夜校》节目

第三，拓宽了贫困群众脱贫致富的渠道和平台，提升了他们脱贫致富的能力。电视夜校传授实用技术、介绍销售信息和就业需求，还在多地开展线下贫困群众务工招聘专场、贫困户产品线下义卖活动，从就业、产业等多维度带领贫困群众脱贫。

▲ 2018 年 9 月 3 日《脱贫致富电视夜校》节目中，播出白沙黎族自治县第一期培训班学员在五里路茶叶专业合作社理事长符小芳的带领下进行采茶实操

第四，提升贫困群众对帮扶工作的满意度，培养群众的诚信与感恩。通过 961017 脱贫致富服务热线数据分析和实地走访，了解贫困群众的需求，为他们提供菜单式帮助，精准帮扶到家到人。缺资金可拨打热线，小额信贷员上门服务；缺技术可拨打热线，专家立赴现场解决难题。贫困群众对帮扶工作的满意度大幅提升。

真实故事

王国谦是琼中黎族苗族自治县红毛镇番响村建档

立卡贫困户。2015年以前，王国谦一家4口人，仅靠种橡胶树的微薄收入勉强维持生活，日子过得很拮据。一个偶然的机会，他得知附近几个村庄的农户在当地政府的号召下开始种桑养蚕，一张蚕茧能卖到1400元（合207.6美元）左右，经济收入比较可观。于是，他主动向帮扶责任人和镇、村干部了解相关情况，并和家人商量把家里将近8亩的土地都种上桑树，开始摸索着发展种桑养蚕产业。

“刚开始技术不娴熟，又没经验，蚕又比较娇贵，有时候即使花费了比干农活更多的时间和精力也养不好。”王国谦说。2016年，他有一批养了半个月的蚕种，眼看要收获了，结果因为喂食的桑叶上残留农药，蚕大批死亡。对此，他感到一筹莫展，不想再养蚕了。正当他苦闷彷徨、束手无策之时，2017年6月，海南省脱贫致富电视夜校第45期节目《发展桑蚕产业　铺就致富路》使他心头一亮。主讲人琼中黎族苗族自治县副县长吴钟良生动地讲述本县桑蚕产业发展历程，以及如何从技术支持、政策扶持方面发展桑蚕产业脱贫致富。王国谦边看边记录边比较自己的养殖方式，总结养殖失败的原因，跑到附近村庄养蚕户的蚕房里“取经”，还积极参加县里和镇里组织的养蚕培训班。他的养蚕热情又被调动起来了。他的养蚕技术也逐渐成熟，蚕茧结茧成活率高，品相好。他慢慢地由养蚕“门外汉”成长为村里的养蚕能手，变成远近闻名的“土专家”。村里其他养蚕户都愿意向他学习。2018年，王国谦培育了1500千克蚕茧，价值4万元（合5932美元）。他又将家里的另外两亩坡地也都种上了桑树，继续扩大种植规模。

王国谦脱贫了，被琼中黎族苗族自治县评为“脱贫之星”。他想："既然政府把我评为‘脱贫之星’，不能只顾自己脱贫，得想办法带动村民一起脱贫。”他开始为大家谋求农业产业转型之路。村民王国夫曾经是建档立卡贫困户，“等、靠、要”思想顽固。为了让他参加种桑养蚕、靠双手致富，王国谦下了好大一番功夫。刚开始，王国夫担心技术不过关会导致养蚕失败，很不配合。王国谦经常跑到他家劝他，还带着他去其他乡镇学习种养管理技术。终于，王国夫将自家的4亩土地都种上了桑树。2018年，王国夫仅靠种桑养蚕收入就达2万元（合2966美元）。王国夫说："很感谢国谦，他的坚持让我家脱了贫，还盖起了新房，要不我可能就在破房子里过一辈子。”看到王国夫的成功，其他村民纷纷要求加入养蚕队伍。在王国谦的影响下，番响村和附近南美村45户村民将自家的50多亩低产土地全部种上桑树。

2018年年初，王国谦带动村民种桑养蚕、义务帮助养蚕户解决技术难题的故事，引起了海南省脱贫致富电视夜校专家团队的关注。海南省电视夜校办公室联络员曾纪军与国家海洋局驻番响村第一书记罗志清取得了联系，并先后3次到村里与王国谦沟通，请他到海南省电视夜校讲台分享自己的脱贫故事。王国谦起初是不愿意的。“这比在家里种桑养蚕难多了！我不去。”王国谦一口回绝了。曾纪军对他说："你在村里教人养蚕只能帮助村里的少数人，如果上了电视，你的故事可以激励更多人。”为了打消王国谦的顾虑，曾纪军和罗志清多次到番响村给他做思想工作。海南省电视夜校编导组则打过40多次电话，既给当地扶贫干部和王国谦耐心讲解录制节目的过程，又教他怎样把自己的故事讲出来，还在王国谦口述后帮他把脱贫经历写成讲稿。2018年7月

9日，海南省电视夜校第93期节目《扶贫先扶志　脱贫先立勤》播出，王国谦通过电视向海南省人民分享了自己脱贫路上的心得。

“我听了之后很受启发，国谦讲得很实在！他现在是我们村的典范，值得我们学习。”番响村的村民说起王国谦登台演讲时，纷纷竖起了大拇指。

电视夜校使王国谦从建档立卡贫困户变成县里的“脱贫之星”，从养蚕“门外汉”变成了致富“土专家”。

经验与启示

第一，建立易于获取减贫信息的平台是解决信息不对称的重要方法。由于信息不对称，许多贫困人口根本不知道如何找到脱贫的途径。比如，许多贫困的农民虽然知道目前国家有许多帮助脱贫的政策，但是对自己可以利用哪些具体政策并不是很清楚，对自己适合通过哪些政策脱贫也没有把握。海南省电视夜校开班后，越来越多的贫困人口可以通过电视媒介这一免费的平台获取相关政策知识，961017脱贫致富服务热线的开通更为贫困人口分析致贫原因、提出实用方案找到了出路。

第二，电视夜校是激发贫困人口脱贫内生动力的重要途径。电视夜校开启了新时代农民教育的新探索、新机制，是一种从教化到自觉习惯的常态化学习，系列化的精准、科学、高效的教育和管理措施，是提高农民素质的好帮手。创新教学模式，丰富教学内容，让精神扶贫落细落实，让文明新风入脑入心，并转化为过上美好生活的新动力。海南省脱贫致富电视夜校为增强贫困人口脱贫内生动力提供了一个可借鉴、可参考的生动范例。

劳动力季节性转移促贫困人口增收
——福建省福州市与甘肃省定西市劳务合作案例

案例类型： 就业扶贫

关键词： 东西部扶贫协作，就业增收，劳动力季节性转移

提交机构： 福州市人力资源和社会保障局

摘　要

就业扶贫是贫困劳动力最有效、最直接的增收方式，但在实施过程中往往面临贫困地区原有劳动力因农活无法外出务工，可利用时间主要集中在冬季农闲的难题。福建省福州市与甘肃省定西市就劳动力季节性转移开展合作，在定西市农民农闲时间组织贫困劳动力前往福州市务工，在增加贫困劳动力收入的同时，解决了福州市季节性劳动用工短缺问题。本案例可供借鉴的经验主要有三点：第一，充分利用两地气候与经济发展的差异和就业机会、人力资源的互补性，建立了季节性输转务工的组织对接模式；第二，针对定西市贫困劳动力年龄偏

大、缺乏技能等问题，以劳务补助的方式实施“企业千岗定向定西精准脱贫计划”，并通过就业补贴等方式激发贫困劳动力的内生动力；第三，建立组织输转实名制信息系统，实现福州市、定西市两地劳务输转信息的实时共享，保障劳动力精准就业。

背　景

东西部扶贫协作是中国政府提出的通过利用东部发达地区的优势资源支援西部落后地区，最终减少贫困，实现共同富裕的一项区域合作项目。位于中国西部地区的定西市主要接受东部地区福州市的帮扶。

定西市位于中国六盘山连片特困地区，经济发展落后，贫困劳动力因需要干农活不能长期到城市务工，但是种植业与养殖业收入水平较低，短时间难以实现脱贫。以定西市未外出务工的贫困人口为例，80% 以上贫困人口都从事马铃薯或中药材种植，每到 10 月以后，他们就基本处于农闲状态，加上气候寒冷，大多没事可做，人力资源无法得到充分利用。而经济较为发达的福州市拥有众多食品、服装、电子、玩具等出口加工企业，每到年底，很多企业的订单急剧增加，便会出现劳动力短缺问题。实施劳动力季节性转移可以在提高定西市贫困劳动力收入的同时，解决福州市劳动力短缺问题，实现贫困人口与企业的双赢。

项目实施

从 2017 年开始，福州市政府与定西市政府就两地劳动力季节性转移开展合作。该合作的内容包括以下三个方面。

1. 两地政府签订多项合作协议，形成政府间的协作制度

为确保两地劳动力季节性转移计划顺利实施，福州市和定西市有关职能部门就劳动力的季节性转移签订了多项合作协议，使这种形式的劳务转移逐渐成为一种制度。

▲ 福州市组织企业前往火车站迎接定西市务工人员

2. 建立相关的激励机制，对劳动力季节性转移需要的资金做出安排

福州市财政每年安排约1500万元（合222.5万美元）专项经费，主要用于以下三个方面：第一，为来福州市工作的定西市贫困劳动力发放交通补贴。第二，对于定西市贫困劳动力在福州市稳定就业3个月以上的，给予最长6个月、每人每月600元（合89美元）补贴。第三，对于吸纳10人以上定西市劳动力的就业基地（企业），给予企业每人1000元（合148美元）奖励；企业聘用定西市劳动力稳定就业超过50人，给予

一次性奖励 10 万元（合 1.5 万美元），在此基础上每增加 50 人，再给予一次性奖励 10 万元（合 1.5 万美元）。

3. 明确两地政府的职能，按分工协作推进

第一，由福州市筛选一批具有季节性用工需求、管理规范、岗位适合、薪酬待遇较好的企业作为定西市贫困劳动力就业基地。第二，定西市通过多种渠道宣传福州市良好的就业环境，宣传就业基地（企业）招聘信息。第三，定西市通过政府统一组织和务工人员自行前往两种方式帮助贫困劳动力到福州市就业。第四，就业基地（企业）对符合条件的务工人员按事先商定的就业岗位安排上岗，对因本人不适应就业岗位的务工人员进行岗位调整。第五，福州市与定西市的就业服务部门对季节性转移劳动力进行逐一回访，了解实际工作情况，提供后期服务。

▲ 定西市开展进村入户宣传季节性用工岗位信息活动

成 效

通过实施劳动力季节性转移项目，福州市与定西市的经济发展与减少贫困取得了以下成效。

第一，贫困劳动力的收入得到显著提高。自 2017 年以来，福州市与定西市已组织定西贫困劳动力 9427 人次（其中建档立卡户 6265 人次）到福州市务工就业，其中季节性务工占 60%，人均月收入超过 3600 元（合 534 美元），直接带动 2 万多名贫困劳动力脱贫。

▲ 定西市季节性务工人员在福州市工作之一

第二，最大限度地提升贫困人口的增收能力。就业是最直接的脱贫方式，对贫困地区来说，在冬季实施该项目对西北贫困地区农村、农业生产产生的影响小，可以在不影响农民务农的情况下促进增收。

第三，能有效解决福州市企业的短期间断性用工不足问题，提高企业的经济效益。定西市贫困劳动力在冬季前往福州市务工，正是福州市企业订单增长之时，可以满足企业的用工需要，而且企业与其常年合作，不但减少了频繁的培训，而且降低了生产成本。

▲ 定西市季节性务工人员在福州市工作之二

真实故事

魏雪萍是定西市通渭县马营镇黄家曲村人，家中有两个孩子正在读书，家庭收入以务农与打零工为主，来源单一，还因为家人生病欠了将近20多万元（合3万多美元）外债。2017年劳动力季节性转移计划实施后，在两地政府的帮助下，她进入福建顺大运动用品有限公司工作，收入获得明显提升。2018年10月至2019年1月，她共获得13 500元（合2000美元）打工收入，还得到交通补贴、岗位补贴、一次性生活补贴等津贴，生活水平有了较大提高，家庭所欠债务也逐渐还清。

经验与启示

第一，充分利用两地位置、气候、产业及经济发展的较大差异性和就业机会，人力资源的互补性，建立了季节性输转务工的组织对接模式，做到了因地制宜地脱贫帮扶。

第二，通过劳动奖励，真正地激发了贫困人口脱贫的内生动力。福州市以劳务补助方式实施“企业千岗定向定西精准脱贫计划”，每年在扶贫就业基地（企业）新开发 2000 个优质岗位，定向招聘定西市建档立卡贫困劳动力。除企业工资外，政府在最初 6 个月内向前来务工的贫困劳动力每人每月发放补贴 600 元（合 89 美元），增加了贫困劳动力到福州市务工、通过自己双手致富的信心。

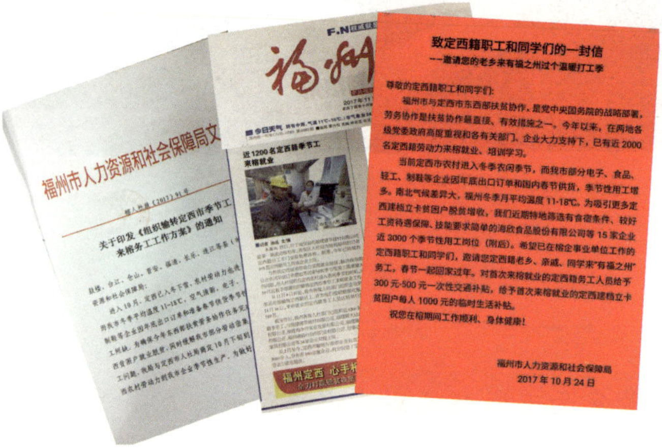

▲ 定西市季节工输转文件及媒体相关报道

第三，建立了劳动力季节性转移实名制信息系统，提高减贫工作的效率。为实现两地信息共享，福州市开发了福州 • 定西扶贫劳务协作实名制信息系统，包括入村招聘宣传、岗前培训、企业岗位变动、补贴工资收入跟踪等各方面信息。实名制信息系统对精准输转数据、精准跟踪服务具有积极作用。

借力社会慈善机构推进健康扶贫

——以传化慈善基金会“传化·安心卫生室”为例

案例类型：健康扶贫

关键词：传化慈善基金会，卫生室

提交机构：传化慈善基金会

摘　要

村卫生室是为广大农村居民提供医疗保健的主要卫生机构。目前，中国村级卫生室仍存在设施落后、设备缺乏、管理不到位等问题，一些地方还不能满足村民的健康需求。传化慈善基金会针对以上痛点，参与健康扶贫的公益项目，积极援建千所“传化·安心卫生室”。该项目实施贯穿于国家脱贫攻坚最后3年的全过程，主要帮助贫困地区贫困村建设规范化的卫生室和配置医疗设备。该项目的成功经验有：扶贫工作需要多元化的主体；规范的项目管理制度能够放大社会捐赠等形式的扶贫效率；第三方评估机制能够极大地促进减贫工作。

背 景

目前，我国仍有70%以上的人口居住在农村，村级卫生室作为农村疾病预防的第一道防线和基本医疗的首诊场所，解决了80%的农民健康问题，为农户在公共卫生、疾病预防与诊治和身体康复等方面提供全面持续的服务。因此，村卫生室的卫生状况与基础设施配置直接关系到广大农民的身体健康和生命安全。2016年，国家启动“健康扶贫工程”，提升农村医疗服务的可及性成为健康扶贫的重点。实施“健康扶贫行动”援建千所“传化·安心卫生室”是传化慈善基金会参与健康扶贫的公益项目。该项目实施贯穿于国家脱贫攻坚最后3年的全过程，主要帮助贫困地区贫困村建设规范化的卫生室和配置医疗设备，覆盖1000个贫困村、150万贫困人口，帮助村民改善就医环境，为他们提供优质的医疗服务。该项目实施地均处于国家重点扶贫地区，位于深度贫困地区“三区三州”的云南省怒江傈僳族自治州、14个集中连片特困地区的贵州省黔东南苗族侗族自治州和罗霄山区。

项目实施

传化慈善基金会把深度贫困地区作为重点，援建村级卫生室、捐赠相关医疗设备、建立相关管理制度，主要做了以下工作。

1. 通过实地需求调查，确定援建地区和方式

2017年9—10月，项目组深入9个县（市）近50个村进行调查研究后发现，农村卫生设施缺乏、医技人员不足且后继乏人，是造成农民因病致贫的重要原因。针对这种情况，项目

组认为要改变贫困地区农民的健康状况，必须改善村医的工作条件，提高他们的收入。同时，根据脱贫攻坚精神，把“三区三州”（深度贫困地区）作为援建的重点区域。

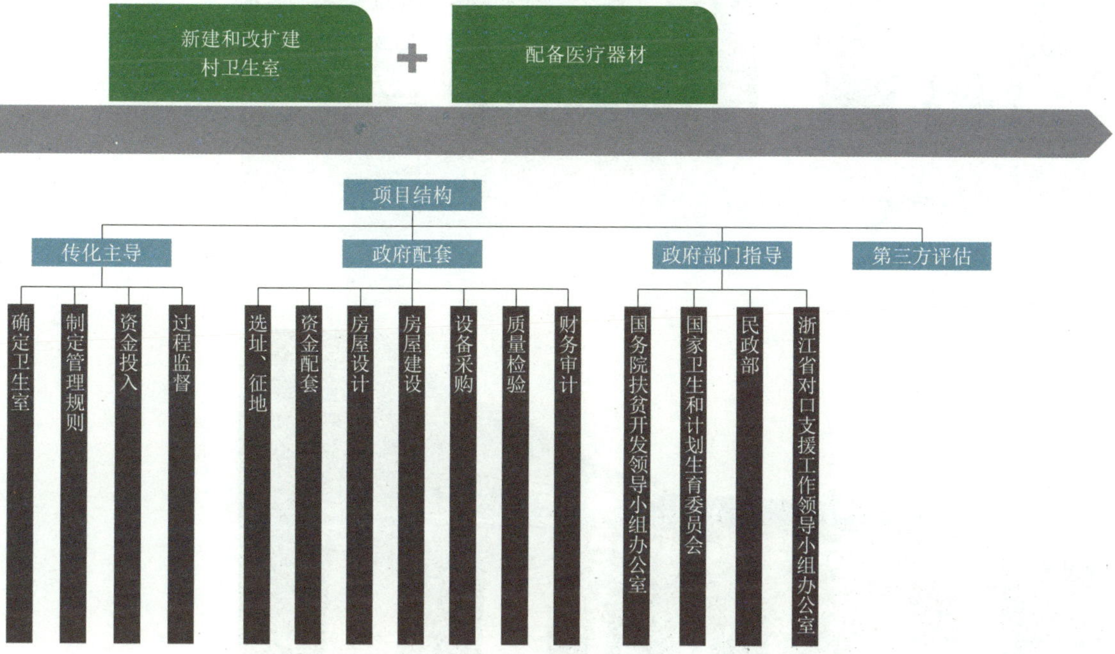

▲“传化·安心卫生室”项目结构

2. 统一建设标准，按照实际需求进行工程建设招投标

按照功能齐全、结构合理、外形美观的要求，与6县（市）人民政府共同邀请专业设计机构，统一设计了标准化的卫生室。由于各村人口数量不同，建筑面积一般设计为80～200平方米。各县（市）按照能够满足村民就医需求，方便新农合结算的要求，在对医疗器械的需求逐村进行调研的基础上，制定了医疗器械采购清单，按规定进行招标采购。对卫生室建设做到六统一，即统一规划、统一标准、统一标识、统一碑文、统一验收、统一器材采购。

▲ 云南省泸水市鲁奎地村的旧医疗室

▲ 云南省泸水市鲁奎地村的新卫生室

3. 与其他机构开展合作，放大减贫效果

第一，企业与农村的整合。通过传化慈善基金会的平台，传化集团员工及旗下子公司也广泛参与项目，为当地找到了资源和机会，如传化集团有限公司团委在江西省兴国县当地农村小学捐赠了物资，与当地村民委员会进行深入交流，探讨了助学一对一的可能性；传化涂料有限公司为受资助县（市）捐赠房屋建设的涂料。

第二，社会力量与政府资金整合。传化慈善基金会投入

7000 万元（合 1038.18 万美元），在云南、江西和贵州三省建设 350 所村卫生室，在此基础上拉动政府和社会资源。政府不但为每所卫生室建设兜底，江西省兴国县政府还投入 3000 万元（合 444.93 万美元）新建 120 所村卫生室，江西省石城县政府和贵州省雷山县政府分别投入675万元（合100.11万美元）和 540 万元（合 80.09 万美元），分别新建了 27 所村卫生室。浙江新安化工集团股份有限公司在传化慈善基金会的带动下，意向捐资 1000 万元（合 148.31 万美元），支持村卫生室建设。

第三，“互联网 + 医疗整合”。在援建卫生室和医疗器械的基础上，该项目组正探索以“互联网 +”的方式链接城市医疗资源，打造村医的线上学习平台，提高村医的医疗技术水平。

成　效

截至目前，350 所“传化 · 安心卫生室”已经全部开工，其中已竣工 72 所，处于主体建设阶段的有 278 所，帮助当地政府实现标准化卫生室全覆盖。

1. 卫生室的可及性提高

例如，云南省泸水市上江镇大练地村是深度贫困村，原有的一所 80 平方米村卫生室已无法满足 25.39 平方千米内 5094 名村民的基本医疗卫生需求。在离该卫生室直线距离 5 千米的大练地村大山脚二组，村里的年轻人到卫生室单程需要走 4 个小时的山路。一直以来，该组村民都希望能有一所离家近一点的卫生室。150 平方米的“传化 · 安心卫生室”位于二组中心，村民就医时间缩短到 1 小时以内。

2. 丰富农村医疗服务，村民就诊量明显提高

贵州省雷山县脚猛村过去的卫生室又小又旧，墙面脱落，诊室无法分开，卫生室设备简陋。如今，在传化慈善基金会的资助下建起了崭新的卫生室，新卫生室面积 190 平方米，分三层楼，设候诊室、治疗室、观察室和妇检室等 9 个功能室，同时配备了全新的医疗器械，还结合山区湿度大的实际，配置了艾针仪和特定电子波治疗仪。该卫生室自 9 月投入使用后，就诊量明显提升，到 10 月村民的就诊量比 7 月提高 40%。

▲ 雷山县脚猛村新建的“传化 · 安心卫生室”

3. 在村民中传播了公益理念

村民了解到传化慈善基金会无偿建设村卫生室时，纷纷表示感谢，还主动出力出地，帮助项目落地。在寸土寸金的云

南山区，当地村民何三大听说要新建“传化·安心卫生室”时，主动联系村民委员会，表示愿意无偿让出自家的150平方米土地建设卫生室，以支持该项公益事业。同村的很多年轻人义务帮助建设卫生室。何三大说：“种玉米没多大价值，如果我的地能帮助村里把卫生室建起来，那才是真正的有价值！”

经验与启示

1. 扶贫工作需要引入多元扶贫主体

在该项目中，地方政府从主要决策者转变为资源协调者，发挥动员地方人力和整合地方资源的作用。在传统的政府主导扶贫模式中，因为基层政府自身的局限性，容易导致扶贫资源配置低效。“传化·安心卫生室”引入社会力量和专业人才，通过注入社会资金、合理分工解决了资金不足、专业性不足和效率低下等问题，实现了精准扶贫。

2. 形成规范的项目管理制度，有利于慈善机构捐赠项目的实施和管理

以往的建设项目，资助方往往是以单纯捐资为主，缺乏对项目过程的管理及落成后对质量的严格把关，受资助方在收到捐资后缺少监督约束，往往容易造成只抓速度的弊端。传化慈善基金会摈弃了传统的捐赠模式，建立了严格的管理制度和资金拨付制度，从选址到建设再到竣工验收，亲力亲为，形成严格的六项管理制度，并邀请当地社会组织作为第三方监管部门对工程质量负责。在资金拨付方面，以合格的申请书及竣工报告为前提，拨付首尾款，如果出现不能按时完工或质量不合格的卫生室，则不予拨付尾款，并扣除之前拨付的首款，从而

极大地激发了受资方的主动性，做到质量、进度两手抓，为以后类似的项目建设提供了管理经验。

3. 第三方评估机制促进扶贫工作

传化慈善基金会邀请在扶贫领域具有威信的中国农业大学李小云教授团队作为项目评估方全程参与，为建立健全村卫生室管理制度发声。评估组实地走访和电话回访了受帮扶县（市）的 1700 多名农户，深入了解了农村卫生室现状、农民年就诊量及大病需求等问题，并在之后两年重复回访，通过 3 年的对比调查，准确评估“传化 · 安心卫生室”的有效性与影响力，基于评估报告提出政府建议，自上而下推动建立有关制度，从根本上缓解农村医疗问题。

益贫式公私伙伴关系的商业模式推动产业扶贫
——国际农业发展基金湖北省十堰市产业可持续发展项目

案例类型：农业产业扶贫

关键词：产业扶贫，利益联结机制，益贫式公私伙伴关系的商业模式

提交机构：国际农业发展基金

摘 要

近年来，随着中国扶贫事业如火如荼地开展，国际扶贫组织逐步参与中国的扶贫事业。国际合作项目的最大挑战在于如何协调二者之间的矛盾。国际农业发展基金（IFAD，以下简称“国际农发基金”）与湖北省十堰市农业局合作开展农业扶贫项目，发展茶叶产业。该项目采取益贫式公私伙伴关系的商业模式（Public-Private-Producer-Partnership，以下称“4P模式”），由国际农发基金向十堰市政府贷款，再由各县级政府无偿向茶叶产业提供资金支持，由茶产业采用“企业＋合作社＋农户”

的合作模式，企业采用流转土地、收购茶叶、聘用劳务等多种方式带动贫困农户增收，形成政府、企业及农户之间的利益联结机制，成效显著。该项目的成功经验有三点：一是 4P 模式的采用提高基地建设管理水平；二是多方参与搭建商业平台，吸纳社会资本；三是项目的益贫性激发农户的内生动力。

背　景

贫困户只有与政府、企业形成一定的利益联结机制，才能更好、更可持续地从扶贫产业和地方产业发展中获益。扶贫产业的难点是，贫困户没有被完全纳入价值链，很难分享地方产业、经济发展的红利。国际农发基金通过构建 4P 模式，探索了益贫式经济增长的方式，使贫困户通过这种利益联结机制从扶贫产业和地方经济发展中获益。此模式最早由国际农发基金于 2012 年在布基纳法索、马里两国推动，旨在通过构建多重伙伴关系的方式形成政府、企业和农户的利益联结机制，解决贫困户自身发展动力不足的问题。国际农发基金尝试将传统的 PPP 模式应用于扶贫领域，与益贫式增长模式相融合，通过整合包括政府、企业、农户等在内的多重伙伴关系实现益贫式增长。

项目实施

2013 年，国际农发基金与湖北省十堰市合作，为其提供 1345 万美元（其中，国际农发基金投资占 50.2%、政府配套资金占 22.5%、农民自筹占 27.3%）贷款，发展当地特色产业（主要是茶叶产业）。项目名称为十堰市可持续农业发展项目（即 SSADeP），辐射十堰市 7 个县，实施期限为 5 年（2014—

2019年）。项目实施4年后，覆盖区的16 252户贫困人口下降了48%。4P模式的核心要点是通过资金激励消除经营主体与小农户对接进入市场必须通过公共资金才能解决的障碍，吸引经营主体和小农户建立商业伙伴关系以帮助后者加入价值链并受益。国际农发基金的资金作为公共资金，与经营主体自有资金一起对由经营主体按照项目规则牵头开发提交和被批准的共同投资商业计划进行支持。农户也是伙伴关系中的一员，通过生产等活动与企业形成商业关系，合理分享商业计划实施带来的收益，并共同承担可能的风险。实现小农户加入价值链的可持续发展目标的4P模式的基本实施流程如下。

（1）财政部负责组织中央、地方有关部门与国际农发基金磋商谈判，确定项目活动的内容、贷款额度、贷款期限和贷款利率等。财政部按照与国际农发基金的条件转贷给省级政府，再由省级政府按照贷款协定和转贷协议的规定进行管理和使用。

（2）县级政府无偿用借贷资金支持企业等经营主体发展产业，要根据项目的实际情况征集经营主体申报和准备提交的商业计划，组织对商业计划进行审核、筛选和甄别，最后确定项目支持的商业计划，并按照计划的资金筹措安排国际农发基金支持资金的落实。

（3）获得贷款的经营主体发展特色产业，带动贫困农户增收。以茶产业为例，企业、合作社和农户形成协作关系，签订合作协议，明确带动贫困户的方式。一方面，茶企业与产业合作社签订合作协议，明确双方合作必须以带动贫困户增收为前提。另一方面，在企业的帮助下，合作社与贫困户签订合作协议，主要包括用工合同、土地流转合同、茶叶种植与收购要求等合同。

（4）4P模式的核心是益贫性。政府无偿将国际农发基金贷款资助给企业，但要求企业必须带动一定数量贫困户群体增收致富。以十堰市茶叶产业为例，项目要求企业带动贫困户 200 户、合作社带动 30 户。具体的带动方式有三种：一是企业或合作社主动与种茶农户签订收购合同，以高于市场 5% ～ 10% 的价格收购其茶叶；二是企业或合作社通过土地流转的方式流转农户土地，给予适当额度的租金；三是农户在企业或合作社里务工赚取工资收入。在长期的用工合同中，农户到茶企业承担茶叶的生产、加工、包装等产销工作，每月收入 299 ～ 597 美元。短期的用工合同主要涉及临时工，其主要的工作是茶叶的种植、施肥、采摘等季节性的临时工作，劳动报酬按天计算（女性每天 15 美元、男性每天 22.5 美元），每月底结清。

（5）项目后续的维护主体是政府和国际农发基金。政府方面，县项目办构建包括县、乡（镇）、村（企业）在内的三级监评体系。45 名专业监评人员围绕项目受益人、工程建设、资金使用和项目效益等 10 项工作开展全方位的监评。乡（镇）项目办指导、协调村级项目执行小组开展活动，负责落实项目计划、监督工程质量、督办工程进度和组织验收。国际农发基金在北京设有办事处，办事处每年会派出两个检查团进行项目评估。一种方式是以年度为单位派出检查团，围绕项目的 A、B、C 三个部分展开督查。另一种方式是派出跟踪检查团，跟踪检查团主要是针对重大问题派出，到项目实施地对问题进行具体的指导，帮助地方解决问题。此外，每个项目每半年要提供一份进度报告表，报告项目进度、项目面临的问题等。资金管理方面，采用财务报账制的方式，项目资金使用情况需由国际农发基金审核后，再将资金拨付给县项目办，同时按规定进行账目核算。除报账制的流程之外，对巨额资金使用同样也有监督。当项目资金的使用额度超过 18 万美元时，县项目办需要向国际农发基金进行账目报备，获得批准后才可使用资金。

成　效

（1）减贫成效明显，贫困户减少近一半。项目推进带来的机遇在较大程度上改变了当地人口的收入分配结构，经济效益得到整体提高的同时，人均收入得到较大的提高。在项目实施初期，对项目覆盖的 16 252 户家庭根据收入水平划分为 A、B、C 三类。项目实施 4 年后，A 类农户由 1140 户增加到 3419 户，增加约 200%；B 类农户由 5525 户增加到 6956 户，增加约 25%；C 类农户由 6430 户减少到 3296 户，减少约 48%。项目区 3134 户 11 847 人实现脱贫。总体而言，项目对农户的受益覆盖率较高，贫困发生率减少 48%，贫困人口的数量大幅减少。

（2）提高了管理、生产等各个环节中妇女的参与程度。根据项目设计要求，各级项目办和村实施小组在项目实施中充分调动女性参与。在项目实施中，妇女直接参与项目的比例为 51.3%，女性得以从传统的土地种植中被解放出来。到茶叶基地工作，既能发挥潜在劳动力的价值，又能为农户家庭带来经济收入。

经验与启示

（1）项目以益贫性为导向，资金落地要求企业等经营主体必须带动一定数量的贫困户。资金与益贫相结合具有较大的强制性，有利于带动农户增收致富。

（2）形成了良性的多重伙伴关系，通过利益联结共同发展。第一组关系中以“农发基金、政府和企业”为主体，搭建金融平台，吸纳社会资本。金融平台在一定程度上增加银行对企业或合作社的投资信心，利于其吸纳商业贷款，扩大融资。

第二组关系是以“企业、合作社和农户”为参与主体，以企业为主导，形成产销一体化的地方市场，主体之间利益相连、风险共担。

（3）构建了有效的监督和激励体系。无论是政府方面构建包括县、乡（镇）、村（企业）在内的三级监评体系，还是国际农发基金的定期检查团，都对项目的具体实施形成自上而下的完整监测，保障项目有效运行。此外，资金的报账制度能直接监管项目，提高资金利用率。

（4）可持续性主要体现在基于稳定的伙伴关系形成的产业链，通过将各方纳入产业链，形成稳定的利益联结机制，共享产业链的发展成果。这种联结机制是比较稳定、可持续的。项目结束后，形成了“企业 + 合作社 + 农户”的稳定合作模式，对内企业与农户、合作社签订订单农业，对茶叶进行标准化的生产和管理；对外依托企业茶叶品牌，占有稳定的市场份额，形成良性循环。

综上所述，4P 模式下的茶叶产业已经形成稳定的产供销一体化的产业链，可完全独立于项目支持，依靠自身运作营利。

通过“互联网 +”助力社会扶贫

——中国社会扶贫网案例

案例类型： 产业扶贫，电商扶贫，科技扶贫

关键词： 互联网 +，社会扶贫，个人帮扶，电商扶贫，众筹扶贫

提交机构： 中国社会扶贫网

摘　要

由于缺乏可靠的平台和渠道，很多扶贫资源无法被投入贫困地区，发挥减贫作用。因此，国务院扶贫开发领导小组办公室（以下简称“国务院扶贫办”）于 2017 年 1 月指导建设了中国社会扶贫网。作为全国性社会扶贫网络信息服务平台，中国社会扶贫网运用了互联网新技术和新模式，充分调动了多方力量参与“互联网 +”社会扶贫，将贫困户的脱贫需求和社会爱心资源搭建连接在一起。该模式可供借鉴的经验主要有两点：一是充分发挥互联网的先导力量和驱动作用；二是社会扶贫需要调动多方力量参与。

背 景

习近平总书记曾在中央扶贫开发工作会议上指出："我国社会不缺少扶贫济困的爱心和力量，缺的是有效可信的平台和参与渠道。"2017年1月，国务院扶贫办指导建设了中国社会扶贫网，搭建连接贫困户脱贫多元化需求和社会爱心资源的数字化平台。中国社会扶贫网从2017年建设运营以来，用两年时间取得了"互联网+"社会扶贫的阶段性成果，工作开展初见成效。

项目实施

中国社会扶贫网作为社会扶贫网络信息服务平台，充分运用了互联网新技术和新模式，聚集全社会的爱心力量，关注深度贫困地区，解决贫困户的需求。

1. 创新理念，构建全民参与模式

一是聚焦"互联网+"社会扶贫目标和任务，将互联网便捷高效、公开透明、互助共享思维和高效组织运行模式融入社会扶贫工作，将社会扶贫和动员工作由传统的线下运作变为线上、线下相结合模式。

二是从系统架构、用户注册、需求审核、帮扶执行等多个环节严格把控。该平台与全国建档立卡数据库线上校验，确保扶贫对象精准；已连接35万名扶贫干部进行线下审核，确保需求精准；爱心人士和企业根据自身资源直接对接贫困户需求，促成帮扶精准；贫困户和扶贫干部在该平台上与爱心人士随时互动沟通，实现反馈精准。

三是深度运营分析的大数据理念。发挥该平台的数据采

集功能，深入分析用户需求，运用大数据手段，对爱心人士的帮扶行为进行类别分析，有针对性地推荐贫困户需求，提高帮扶成功率，强化帮扶成效，并引导资源向深度贫困地区倾斜，解决贫中之贫、困中之困的难题，加深社会公众对深度贫困问题的复杂性和艰巨性的认识，提高社会参与度。

▲ 中国社会扶贫网主页截图

2. 建立多种“互联网 +”帮扶体系

中国社会扶贫网运用了互联网新技术和新模式，覆盖个人帮扶、电商扶贫、众筹扶贫等领域，涵盖医疗救助、教育资助、产业扶助和民生帮扶等方面，搭建爱心人士直通贫困户的数字化桥梁，开创社会扶贫的新模式。

一是建立真实可信的爱心帮扶体系，实现贫困户的需求和社会帮扶资源的精准有效对接。该系统通过线上大数据校验和线下人工审核，实现对象精准、需求精准和帮扶精准，同时通过贫困户的亲属、朋友对需求进行实名验证，确保爱心人士捐赠的资金（爱心）被准确送到贫困户手中，实现爱心的快速、精准、可信传递，解决贫困户迫切需要解决的问题。

二是建立真扶贫的农村电商扶贫体系。电商扶贫要求所有扶贫商品都由当地扶贫办进行认证，确保商品的扶贫属性和品质，通过数据分析和信用管理推进建档立卡贫困户收入的最大化，通过广泛宣传和开放合作提升电商扶贫品牌和扩大业务销售，从而建立真实、持续、有效的扶贫机制。

三是建立等级与权益相结合的扶贫评价体系。根据用户类别设置规范化的评价标准，根据用户的贡献给予积分和权益，设置扶贫榜单，表彰组织和个人，进而提高扶贫的公信力和美誉度，充分调动用户的积极性。

四是建立扶贫先进事迹、优秀案例的扶贫展示体系。宣传报道扶贫领域的相关政策、资讯等，极大丰富该平台内容，建立扶贫经验的共享机制，吸引更多的爱心人士关注扶贫事业并参与其中。

五是建立合法合规的扶贫众筹体系。该平台成功通过民政部的互联网公开发布募捐信息平台的遴选，联合各方力量基于数据分析精心策划项目，动员各方力量积极捐赠，协力满足贫困人群的共性需求，面向国家建档立卡贫困户开展光明扶贫工程、学会普通话等扶贫项目。

3. 通过创新技术保障平台顺利运营

中国社会扶贫网用户数已突破 4800 万人。庞大的访问量对系统架构是一个严峻的考验。该平台建设需要通过引进人才、吸收先进技术，保障业务的有效开展。

一是安全有保障。该平台十分重视应用安全、数据安全、网络安全、安全管理等方面，顺利通过国家三级等保测评，安全等级达到国内一流水平。

二是技术有特点。该平台立足于现有业务发展，着眼技术的前瞻性，建设了扶贫云，包括云计算、企业容器云平台、基础中间件服务平台、企业分布式互联网交易平台、基础技术平台、大数据服务平台、运维平台、基础业务平台等企业基础设施，具有高性能、可扩展、高可用的技术基础，应用区块链新技术提升该平台精准度，同时可以实现技术输出，满足地方扶贫业务建设需求，支持地方扶贫业务发展。

成　效

中国社会扶贫网从2017年建设运营以来，经过两年时间，取得了“互联网+”社会扶贫的阶段性良好成效。

1. 覆盖全国多个省市

截至2019年7月31日，中国社会扶贫网累计注册用户为4865万人。建档立卡贫困户已覆盖全国28个省（自治区、直辖市），349个市，2428个县，35万个行政村。贫困户在爱心帮扶平台累计发布需求525.6万条，累计成功对接需求406.3万条，对接成功率为77%。

2. 工作成效显著

截至2019年7月31日，众筹平台开设众筹项目筹款通道，累计筹款近1.8亿元（合2670万美元），捐赠次数36 105次。众筹项目包括“光明扶贫工程·白内障复明”“学前学会普通话”“强直性脊柱炎健康扶贫工程”等健康扶贫和教育扶贫项目。截至目前，电商平台累计入驻商户654家，覆盖全国23个省（自治区、直辖市），279个贫困县，累计销售金额近1000万元（合148万美元）。该平台建立“定点帮扶集采+社会渠道分销+媒体与品牌营销”的营销模式，以系列特色扶贫馆为纽带，与中国电信集团有限公司、中国石油化工集团有限公司、中国电子信息产业集团有限公司等中央企业建立合作关系，目前已成功开展积分商城扶贫专区等活动。

真实故事

胡莲文一家（3口人），是湖北省恩施市崔家坝镇崔家坝社区曹家湾组的一户贫困家庭。胡莲文以打零工维持生活，妻子因身体不好长期休养在家，17岁的女儿崔婧鑫于2014年被确诊为先天性再生障碍性贫血。驻村扶贫干部通过调研，详细了解胡莲文的家庭情况后进行汇报，引起当地相关部门的重视。2015年，崔家坝社区把胡莲文家纳入低保系统申请补助，为胡莲文安排工作，并帮助他参与村里种葡萄、养猪等绿色产业。

几年来，崔婧鑫一直和病魔做斗争。2019年5月，崔婧鑫的病情突然加重，需尽快进行骨髓移植手术。2019年8月8日，中华骨髓库通知胡莲文，已找到与崔婧鑫匹配的全相合骨髓，要求在1个月内决定是否进行手术。

在各方的全力帮扶下，经过医院评估，手术费用仍然缺少30万元（合4.45万美元）。为帮助该家庭尽快筹齐手术费用，当地扶贫干部于2019年8月7日通过中国社会扶贫网发起扶贫众筹项目。中国社会扶贫网对此高度重视，会同深圳市腾讯计算机系统有限公司等互联网公司，通过网络联系广大爱心人士，动员各方帮扶助力筹款；当地扶贫干部也积极动员恩施市对口帮扶城市——杭州市的爱心人士参与筹款。项目上线10天，筹集资金超过26万元（合3.86万美元），超过8500人奉献了爱心。

经验与启示

1. 充分发挥互联网在减贫中的先导力量和驱动作用

中国社会扶贫网将互联网的分享、协作、便捷、安全、高效等特点融入社会扶贫，运用互联网创新思维、运作机制和相关技术，实现贫困户需求与社会资源的直接对接，提供免费服务，逐步建立社会扶贫的新平台，形成完善的线上线下精准扶贫体系。

2. 社会扶贫需要调动多方力量参与

作为国务院扶贫办主管的全国性社会扶贫网络平台，中国社会扶贫网具有良好的社会公信力。通过充分调动多方力量参与“互联网 +”社会扶贫，中国社会扶贫网聚集了物质、财力、产业、数据等多种社会资源，为贫困户和爱心人士搭建了一座高效、安全、免费的桥梁，营造了政府、市场和社会积极参与扶贫的良好氛围。

绿色减贫（资源与环境）

技术转让加强农村生计和自然资源管理
——以阿拉伯半岛区域计划技术转让项目为例

案例类别：可持续农业，自然资源开发与管理
关键词：阿拉伯半岛区域计划，可持续技术包，环境
提交机构：国际农业发展基金

摘　要

阿拉伯半岛地区面临着水和土地可持续管理的问题，人口增长和气候变化加剧了这一问题。畜牧业是经济发展的关键，是大多数农民的主要收入来源。为促进更可持续的土地和水资源利用的发展，并在改善农村生计的同时保护该地区的环境，阿拉伯半岛区域计划（The Arabian Peninsula Regional Program，APRP）技术转让项目通过向资源贫乏的农民和牧民提供可持续技术包，解决了该地区农业部门面临的挑战。

背　景

阿拉伯半岛是世界上最干燥的居住区之一，降水量低、变化多端，地表水资源有限。耕地供应有限，土地总面积的95%以上遭受荒漠化，80%以上因风蚀、侵蚀城市化和缺乏有效计划而退化，并缺少以可持续的方式使用资源的激励手段。如果继续使用低效率的做法，就会造成水资源的迅速枯竭、特有物种的灭绝和严重的环境破坏。阿拉伯半岛区域计划将经研究所验证的方法运用于终端用户，从而推动新的高效、可持续发展的农业实践。

项目实施

阿拉伯半岛区域计划技术转让项目采用了研究站和私人农场开发的可持续节水方法，提高用水效率，节约资源，并将这些方法转让给阿拉伯半岛地区7个国家的480名试点种植者，旨在提高作物和牲畜的产量和生产力。此外，该项目旨在提升国家研究和延伸方案，引进相关技术，并加强各利益攸关方之间的沟通能力。该项目主要包括以下三项活动。

1. 技术包的引进和采用

开发高效率的本地饲料品种综合生产系统，包括用水牛草（一种本土饲料）取代罗兹草，二者虽营养成分相似，但水牛草需水量较低，因而得到推广；恢复牧场，包括集水、重新种植和播种贫瘠地区，并保护其免遭放牧；推广促进综合生产和保护管理（IPPM）技术，减少农药使用；推广节水、高密度水培生产优质经济作物的技术。

2. 解决方案研究和影响评估

在技术转让期间，开发工作继续进行，科学家和研究人员不断向终端用户提供信息。项目包括通过添加一个简单的营养液自动控制器（施肥系统），提高水培系统的生产力；提高国家农业研究和推广系统（NARS）在适应性和解决方案上的研究能力；进行社会经济和影响评估研究。

3. 能力建设和制度建设

研究人员、开发人员和种植者通过实践学习和实地学校接受培训、支持，嵌入并维持了新方法，有助于进一步研究和改进技术，通过实际操作培训确保了嵌入新技术的可持续性，其中包括举办区域培训课程、讲习班和专家咨询会议；知识传播和网络化；根据种植者和终端用户的需求进行适应性研究和问题解决研究。

成　效

（1）2008—2013 年，该项目超出完成目标的两倍。在无刺仙人掌项目中，种植户采用该解决方案的数目是目标数量的 4 倍。

（2）将约 90 200 平方米的罗兹草改为水牛草，每年可节约 1.153 340 立方米的水。大约 90% 的种植者将水牛草评为“好”或“非常好”。

在也门的研究中，采用促进综合生产和保护管理技术，使杀虫剂的数量从 28 种减少到了 3 种，将试点种植者的收入提高了 12%，提高了水的生产力。

（3）水利用效率更高。采用水栽法而非传统土栽法种植番茄时，每产出一吨番茄,（在沙特阿拉伯）可节水 86 立方米，（在阿联酋）可节水 120 立方米。

（4）超过 90% 的阿拉伯半岛区域计划培训课程参与者认为自己已经实现目标，并将课程评为“优秀”和“非常好”。

（5）建立种子生产体系，生产出足量的牧草种子。

（6）建立了次区域知识传播和网络系统，并举行年度会议和小组培训。因此，农民有权调整和开发项目技术，以满足自己的需要。

（7）国家层面的政策和财政支持。阿布扎比决定禁止种植罗兹草，并引入贷款和赠款，以加快采用方案技术。而阿曼、阿联酋、卡塔尔和巴林则对采用水培与促进综合生产和保护管理技术的种植者们实行激励政策。

经验与启示

（1）利用农场主间的扩展系统从私人农场的示范点转移技术，加上入门讲习班和田间学校，可让种植者有效采用这些技术。

（2）各区域必须协调一致，避免重复工作，充分利用有限的资源。加强国家农业研究体系与国家农业推广体系之间的有效联系。

（3）为了维持项目的收益，技术转让人员需要更高的技术能力和技能水平。

（4）虽然技术采用率很高，但 2012 年的研究表明，大约 30% 的水培种植者在一两年内恢复到传统的土壤系统。从农场主们的反馈来看，由于缺乏主动的技术支持和扩展系统，导致水培技术欠佳。本地灌溉牧草和无刺仙人掌项目也有类似情况。

试点种植者的成功进一步支持了通过补贴和政策变化促进该地区可持续农业的政策。该项目其他潜在的发展包括向更多的农民转让技术，以及利用当地的生产材料和资源使技术在经济上更可行。

防灾减灾促减贫

——以古巴灾害风险管理体系为例

案例类型：防灾减灾

关键词：减贫，灾害风险管理体系，古巴

提交机构：中国国际扶贫中心

摘　要

位于加勒比海地区的古巴面临飓风频发的灾害风险，因灾致贫的现象严重。在与飓风长期对抗的过程中，古巴通过建立社会安全网、普及公共服务、促进农村发展、减少社会不平等、进行灾害教育、提高灾害预防能力、发展安全文化、完善社区减灾机制、建立专门的国家灾害防护机构和社会组织、制定并更新社区风险筹划等举措，摸索并建立了一套独特的灾害风险管理体系，并获得了良好的效果。古巴的灾害防护经验对各国都有极大的价值，为各国的灾害防护具有重要的启示，如重视灾害管理、动员民众参与灾害预防、信息共享与通信建设等。

背 景

古巴是加勒比海地区最大的岛国。该地区飓风频发，1983—2003年共发生240场飓风灾害，对古巴经济、社会造成了严重的损害。以2001年的米歇尔飓风为例，飓风以216千米/小时的速度在古巴南部海岸登陆，向北袭击了全岛，最终造成5个省的房屋损坏22 400间、毁坏2800间，农业、工业和基础设施遭受重创。

古巴国土面积小，经济较落后，本土资源稀缺，长期坚持以蔗糖生产为主的单一经济发展模式。古巴社会经济发展的落后不仅体现在经济水平上，而且体现在发展模式的不科学上。古巴经济发展多依靠资源开采和低级加工。这对环境产生了严重危害，同时市场的不规范也导致社会问题增多，增加其脆弱性，使灾害风险增加。与相对富裕的国家相比，贫穷和脆弱的国家应对环境恶化和灾害的能力更弱，受灾后恢复难度更大。此外，古巴全国75%的人口聚集在城市，而且贫困边缘群体居多，更容易受到灾难的打击。这使城市规划、灾害风险控制面临巨大挑战。

项目实施

在与飓风长期对抗的过程中，古巴摸索并建立了一套独特的灾害风险管理体系，采取了一系列防灾措施，并获得了良好的效果。具体措施主要有六个方面，即建立社会安全网，普及公共服务；促进农村发展，减少社会不平等；进行灾害教育，提高灾害预防能力；发展安全文化，完善社区减灾机制；建立专门的国家灾害防护机构和社会组织；制定并更新社区风险筹划。

1. 建立社会安全网，普及公共服务

古巴的社会安全网虽然整体服务水平较低，但是几乎惠及所有人，涵盖所有方面。每一个古巴人都处于政府服务体系中。当灾害发生时，任何不利影响都将立刻被知晓，而且受灾情况随时更新。同样，农业保险、医疗卫生、教育等领域的保障也都及时跟进。

2. 促进农村发展，减少社会不平等

在过去的几十年里，古巴的快速城市化造成了大量贫困人口生活在城市的高危地区，同时城市也存在大量贫困边缘人口。古巴通过促进农村地区发展，普及农村地区的医疗、教育等公共服务，使农村可以提供更多的就业机会，提高农民的生活水平，从而使农村产生吸引力，减缓城市化进程，减少社会经济不平等。

3. 进行灾害教育，提高灾害预防能力

古巴在民众预防和应对灾害意识上进行了大量投入。预防、阻止和应对灾害是学校课程的一部分，工作单位也时常组织应对灾害的训练，舆论媒体广泛宣传防灾减灾信息，家庭医生教授灾害应对的技巧和方法。

4. 发展安全文化，完善社区减灾机制

通过教育、社区组织和社会资本投入，古巴进行安全文化建设，以社区为单位增加和完善了应灾必需的资源，如紧急事件警报系统、疏散交通工具、避难所、医疗护理等。民众也在国家引导下树立了社区应灾系统会发挥有效作用的信心。

5. 建立专门的国家灾害防护机构和社会组织

古巴政府在国家范围内建立了一系列降低风险的机构和

组织，如灾害科研机构、古巴气象协会等。其中，古巴灾害防护机构机制中最有效和最重要的就是国家民防组织（DCN）的建立，它是灾害应对机构的最高指挥部，对古巴灾害风险管理具有重要的作用。

6. 制定并更新社区风险筹划

不仅是每个层级的政府，即使社区层面都做了风险筹划，日常记录包括飓风来临时谁家的房子是危房、谁家的房子可以作为避难所，哪些人身体弱、哪些人需要特别帮助。社区家庭医生还要及时更新本社区的病人病情和有特殊生理、心理需求的病人状况。

成　效

第一，摸索并建立了一套独特的灾害风险管理体系，有效降低了因灾致贫风险。古巴通过采取一系列防灾措施，探索出了具有自身特色的灾害风险管理体系和模式，并获得了良好的效果。这种模式主要基于两个层面，即国家层面和社区层面。两个层面的防护是相互依托，结合在一起的。从某种程度上说，国家层面的防护更需要当地和社区层面的支持。这套灾害风险管理体系取得了良好的效果，降低了古巴因灾致贫的风险。

第二，形成了高水平的防灾文化。古巴人明确发展了一种“安全文化”，无论是专家还是普通民众，他们清楚地知道一旦有飓风，需要遵循哪些步骤和程序。知道紧急警报的级别、哪里能得到及时可靠的信息、怎样保护自己的房子，以及如果需要疏散，哪里可以找到避难所。

第三，基础设施建设发挥“乘数效应”，增强了减灾能力。

农村地区的基础设施建设和卫生保健服务的普及，对减灾工作产生了“乘数效应”，增强了抵御风险的能力。比如，95.9%的人受过教育，这意味着他们学到了学校教授的防灾减灾知识；宽阔的道路遍布各地，这有助于灾害来临时快速疏散；建筑法规被强制执行，有效制止了建造新的高危建筑；95%的家庭能够用上电，民众可以从电视或广播中获取有关灾害的信息，等等。

经验与启示

第一，明确灾害管理的重要性，积极发挥政府作用。对于灾害频发的地区，建立防灾、减灾的管理体系是非常重要的。在这个过程中，要积极发挥政府的总控作用，调动多种资源，从多个角度、通过多种措施科学、合理、有效地预防和应对灾害的发生，同时注意增强公众对政府的信任和监督意识。

第二，增强灾害教育与社会参与。一方面，通过教育、媒体宣传等方式发展“安全文化”，形成防灾减灾的意识，掌握应对灾害的知识。另一方面，在社区层面通过应灾模拟练习引发社会的反思和讨论。

第三，加强通信建设和信息共享。社区和地方政府及时记录和更新贫困边缘人群和灾害高危地区的状况，并通过通信建设构建信息共享机制，更好地防控风险，减少因灾害造成更大范围的贫困。

以生态保护和生态补偿促减贫

——以内蒙古自治区科尔沁左翼后旗生态扶贫为例

案例类型：生态扶贫

关键词：生态保护，生态修复，沙漠化

提交机构：中共科尔沁左翼后旗委员会办公室，内蒙古民族大学

摘　要

生态脆弱地区往往面临着环境保护与资源开发的两难选择。这已经成为许多地区摆脱贫困的主要障碍。面对不断加剧的沙漠化趋势，内蒙古自治区科尔沁左翼后旗（以下简称“科左后旗”），一方面利用科技手段提高当地的植被覆盖率，扭转沙漠化趋势，改善生态环境；另一方面充分开发已改善的生态环境，大力发展优势产业，为贫困农牧民开辟增收途径，实现了环境保护与摆脱贫困同步。其可供借鉴的经验主要有三点：一是利用生态技术治理环境，提高植被覆盖率，改善土地土壤条件，扭转沙漠化趋势；二是提高贫困人口在治沙过程中

的参与程度，使贫困农牧民可以通过治沙增加收入；三是结合当地资源禀赋优势，有计划地开发自然资源、培育主导产业，为贫困农牧民持续增收创造机会。

背　景

科左后旗地处中国面积最大的沙地——科尔沁沙地腹地，是国家级贫困旗（县），境内以沙丘、沙地为主要地貌类型。20 世纪 70—90 年代，区域内土地 80% 沙化，生态体系严重失衡。为了扭转生态环境继续恶化的趋势，改善农牧民生产生活条件，科左后旗在“生态优先、绿色发展”的发展思想引领下，组织干部群众治理沙漠，极大地改善了当地的生态环境，提高了贫困农牧民的收入，最终实现了生态保护与经济发展的“双赢”。

项目实施

从 2014 年开始，科左后旗先后实施了多项措施改善当地生态环境，提高贫困农牧民收入，主要做了以下工作：第一，多种方式提高植被覆盖率，改善土地土壤条件；第二，提高贫困人口在治沙过程中的参与度，实现贫困人口通过治沙增加收入；第三，自然条件好转后，有计划地依托自然资源和禀赋，培育主导产业。经过多年治沙，科左后旗的沙漠化趋势得到遏制，贫困农牧民的生产生活条件也得到改善。具体措施如下。

1. 多种方式提高植被覆盖率，改善土地土壤条件，遏制土地沙漠化

土地沙漠化是科左后旗面临的主要威胁。为此，科左后

旗采取了以下措施：第一，积极植树造林，根据不同的土地条件栽植樟子松、杨树等人工林，逐步恢复林草植被，形成稳定的生态群落。第二，封山育林，恢复植被，在草牧场和天然林破坏严重区域实行封禁保护，让退化草牧场和天然林自然恢复。第三，飞播造林种草。在不易进行人工造林的区域，用飞机装载林草种子，撒播在宜林荒山荒沙上，由其自然生长，提高草地覆盖率。第四，对沙化严重耕地实施退耕还林，在平缓沙地、坡地栽植乔木防护林、灌木或牧草，形成植被恢复带。第五，实施全域全年全时禁牧，引导农牧民转变经营方式。同时，通过种植优质牧草等措施增加饲草供应，使生态系统修复与发展畜牧业相结合，实现可持续发展。第六，在沙漠原始森林生态系统、湿地草原生态系统集中地区设立自然保护区，使珍稀濒危野生动植物和典型的生态系统得到有效保护。

▲ 科左后旗生态公益林建设管护项目区

2. 提高贫困人口在治沙过程中的参与度，实现贫困人口通过治沙提高收入

科左后旗充分发挥现有沙地中蕴藏的经济潜力，采取以下措施增加贫困农牧民收入。第一，吸纳贫困农牧民进入造林企业务工或直接参与苗木起运、抚育管理等工作，增加务工收益；第二，由林业部门提供苗木和技术指导，让贫困农牧民参加林木育苗行动，降低政府外调苗木支出的同时增加贫困农牧民收入；第三，在保证植被覆盖率持续提高的前提下，对合适林木进行加工，增加就业岗位，提高贫困农牧民收入；第四，推动土地流转，提高环境治理效率的同时实现规模效益。

3. 自然条件好转后，有计划地依托自然资源和禀赋培育主导产业等，为贫困农牧民持续增收奠定基础

在植树造林等措施的带动下，科左后旗的生态环境得到极大的改善，为后续的产业发展打下了基础。科左后旗培育的主导产业：第一，肉牛产业。通过实施退耕还林还草、建设饲草料基地发展肉牛产业，形成了集养殖、屠宰、加工、销售于一体的全产业链。第二，经济林果产业。科左后旗建成以大果榛子为主的果树基地 3 万亩、五角枫木本油料基地 3 万亩、林板一体化基地 7 万亩，创造产值可达 2000 万元（合 296.62 万美元）以上。第三，蒙中药材产业。结合沙地适合蒙中药材生长的实际，建设了 50 万亩蒙中药材种植采收基地。第四，生态旅游产业。依托传统村落、民居，发展美丽乡村旅游，带动贫困群众增收。第五，沙地光伏产业。实施地面集中式光伏扶贫项目和村级光伏电站项目，使受益贫困户年增收 3000 元(合 444.93 美元)。

▲ 科左后旗的高效农田防护林工程

成 效

自 2014 年以来，生态减贫模式的大规模实施为科左后旗带来以下两个成效。

1. 植被覆盖率显著提高，沙漠化趋势得到有效遏制

自 2014 年以来，科左后旗累计完成科尔沁沙地综合治理 410 万亩，森林覆盖率达到 21.68%，较 2002 年的 11.24% 提高了 10.44%。土地沙化退化现象得到有效遏制，林草植被迅速恢复，生态环境明显改善，降低了旱涝、风沙、盐碱等自然灾害对农业的影响。

▲ 科左后旗的“双千万亩”造林工程

2. 贫困农牧民收入获得大幅提升

目前，科左后旗公益林面积 188 万亩，农牧民每年可以从中获得公益林补贴资金 2300 万元（合 341.11 万美元）；在农田林网保护地区，受生态环境改善的影响，农作物平均增产 15% ～ 30%；综合治沙工程吸纳农牧民进入造林企业务工或直接参与苗木起运、树木栽植、抚育管理等工作，农牧民在生态建设中务工增收 5136 万元（合 761.72 万美元），其中贫困农牧民务工增收 445 万元（合 66 万美元）。

▲ 科左后旗的村屯周边绿化工程

真实故事

科左后旗巴彦毛都苏木巴彦敖包嘎查村民莫日根巴吐一家有两口人，2014 年被识别为贫困户，当年人均纯收入为 2000 元（合 296.62 美元）。2018 年，莫日根巴吐将 549 亩草牧场流转给天麒集团封育麻黄草，流转费每年每亩 60 元（合 8.9 美元），期限 8 年，实现增收 32 940 元（合 4885.36 美元）。

经验与启示

科左后旗通过自然资源保护实现环境好转、贫困人口增收的做法，是实现贫困地区脱贫致富和绿色发展的有效手段，经过多年的实践成效明显。其成功经验主要有以下三点。

第一，恰当的技术是环境保护的重要手段。科左后旗在治沙过程中注意使用最新的治沙技术，取得了良好的成效。例如，土地沙化严重地区在造林过程中经常会遇到成活率低、保存率低的问题。为提高造林成活率与保存率，科左后旗大力引入新型科技，通过营养钵造林、钻孔造林、穴状深栽等造林技术，有效地解决了以上问题。

第二，贫困人口可以通过参与治沙等生态保护活动增加收入。科左后旗通过提高贫困人口在治沙过程中的参与度，获得了显著的生态效益、经济效益和社会效益，形成了扶贫开发推进生态建设、生态建设促进脱贫攻坚的良性循环。

第三，生态环境好转后，可以有计划地开发绿色资源，实现保护与开发的双赢。在生态扶贫的过程中，科左后旗十分注重培育贫困农牧民自身的脱贫致富能力，通过培育支柱产业使贫困农牧民参与森林抚育管理等，为其创造持续增收的途径，同时增加了他们通过自己双手致富的信心。

▲ 科左后旗的道路交通防护林工程

推动生物多样性保护与减贫协同发展
——以湖北省五峰土家族自治县中蜂养殖模式为例

案例类型：生态扶贫

关键词：生物多样性，生态修复与保护，生态减贫

提交机构：生态环境部自然生态保护司

摘 要

生物多样性是人类赖以生存和发展的重要物质基础，贫困地区往往面临生态保护和减贫的矛盾与冲突，这种冲突制约了生物多样性保护水平的提升和当地居民脱贫致富。湖北省五峰土家族自治县（以下简称“五峰县”）探索“中华蜜蜂（简称‘中蜂’）养殖＋蜜源植物种植＋生物多样性保护”的生态立体循环产业扶贫模式，将生物多样性保护与减贫相结合，通过市场运作模式作用于生物多样性保护，激励当地居民自觉守护自己的家园，改善生产生活方式，促进生物多样性保护和发展“双赢”。该案例的主要做法：通过以奖代补充分调动贫困户的积极性，探索“合作

社托管分成”“合作社 + 互助组 + 搬迁贫困户”“合作社 + 搬迁贫困户分段式养殖”等合作社保障模式，推动蜜源植物种植及野生中蜂资源保护，建立中蜂产业发展基金等长效保障机制。该模式对山地生物多样性热点地区具有一定的参考价值：一是通过生态发展可以实现减贫，生态发展和减贫可以共生；二是参与式扶贫方式增强了贫困户的发展意识及贫困地区的组织化程度和集体行动能力；三是通过减贫反哺生物多样性保护，能够推进生物多样性保护与减贫的可持续性。

背　景

湖北省五峰县既是国家级贫困县、湖北省深度贫困县，又是原山、原水、原生态的国际生态热点地区，承担生物多样性保护与减贫的双重任务。2012 年，该县提出了“生态立县”战略，2015 年设立了中蜂产业发展领导小组，组织化推进中蜂产业化养殖。经过近 3 年的实践，该县在生物多样性保护和减贫等方面取得了显著成效，通过改善贫困户生计使贫困户收入得以增加，贫困人口减少，贫困发生率逐年降低，形成了生物多样性保护与减贫“双赢”的中蜂产业扶贫模式。

项目实施

五峰县地处武陵山集中连片特困区，是典型的革命老区、少数民族地区，也是生物多样性保护与减贫矛盾突出的地区。中蜂养殖既能够增加收入，又能够增强当地居民的生物多样性保护意识，有效推动了生物多样性保护与减贫工作的“双赢”。2012 年，五峰县提出了“生态立县”战略，2015 年设立了中蜂产业发展领导小组，组织化推进中蜂产业化养殖，主要做了以下工作：第一，确定“生态立县”的发展战略；第二，统筹整合资金支持中蜂产业发展；第三，开展养殖试点，调动贫困人口的积极性；第四，充分调动贫困人口参与中蜂养殖；第五，完善利益联结机制，成立合作社；第六，通过发展中蜂养殖推动蜜源植物种植及野生中蜂资源保护，实现产业发展和生态保护双赢；第七，建立长效保障机制，实现可持续发展。

1. 坚持生态优先，确定“生态立县”的发展战略

五峰县把“生态立县”战略定为“五县战略”之首，把中蜂产业作为重点特色产业予以扶持，成立了专门的机构，出台了中蜂产业扶贫和中蜂产业发展奖励政策，成立了五峰县中蜂产业协会，把推进全县中蜂产业发展作为服务“三农”的重点项目，搭建产业发展的服务平台，引导和带动当地居民逐步扩大中蜂产业规模，实现助农增收。

▲ 湖北省五峰县养殖的中蜂

▲ 湖北省五峰县的中蜂产业基地

2. 加强资金整合，破解产业发展资金难题

五峰县县域经济社会发展相对落后，财政支出有 85% 依靠转移支付。因此，该县统筹整合涉农资金近 5 亿元（合 7400 万美元）用于解决产业发展、完善基础设施等，其中用于中蜂产业将近 1000 万元（合 148.31 万美元）。

3. 开展养殖试点，调动贫困人口的积极性

首先选择部分积极性高、发展能力强的贫困户作为突破口，开展试点示范，点对点帮扶，收到了立竿见影的效果，点燃了贫困户发展中蜂产业的希望和激情。

4. 落实奖补政策，充分调动贫困人口参与中蜂养殖

对贫困户全面实行以奖代补，从 5 群蜜蜂起补，每群奖补 200 元（合 29.66 美元），最高奖补 10 群共计 2000 元（合 296.62 美元），极大地调动了贫困户发展中蜂产业、保护生物多样性的积极性。

5. 强化利益联结，成立合作社抱团发展

针对因生物多样性保护需求异地搬迁户，采用“合作社托管分成”“合作社 + 互助组 + 搬迁贫困户”“合作社 + 搬迁贫困户分段式养殖”等不同帮扶模式，分类施策，按不同比例进行收益分成。针对既无人力又无资金的极贫户，政府出台专项扶持政策，按每户 10 群、每群 600 元（合 88.99 美元）的标准给予蜂种扶持。

6. 推动蜜源植物种植及野生中蜂资源保护，实现产业发展和生态保护“双赢”

开展蜜源植物资源普查，科学制定蜜源基地建设规划，计划每年新增优质蜜源基地 2 万亩以上，加大优质蜜源植物选育力度，根据不同海拔气候和不同季节，优化时间、空间区域布局，确保全县全域一年四季蜜源丰富充足，切实提高全县蜜源基地承载量。建立武陵山中蜂保护区，在保护区域扩大中蜂养殖，使中蜂种群数量不断扩大，维护中蜂正常繁衍，保证生物多样性保护与利用的可持续发展。

▲ 湖北省五峰县的好蜜源成就了“中国五倍子蜜之乡”

7. 建立长效保障体制，推动中蜂产业可持续发展

完善了组织架构，制定相关配套政策，争取上级政策支持，着力培训职业蜂农，加大宣传力度，着力培育市场。

成　效

（1）通过养蜂，户均增收 5000 多元（合 741.55 美元）。五峰县在 2016 年中蜂养殖规模达到 24 233 群，蜂蜜产量达到 6.5 万千克，其中 1211 个贫困户共计养蜂 9261 群。2017 年，新增中蜂 12 486 群，全县中蜂养殖规模达到 36 719 群，蜂蜜产量达到 15 万千克，其中 1738 个贫困户共计养蜂 14 327 群。2018 年，新增中蜂 19 411 群，全县中蜂养殖规模达到 56 130 群，蜂蜜产量达到 25 万千克，其中 2008 个贫困户共计养蜂 17 999 群。全县脱贫摘帽前，预计有 3500 个贫困户可以通过发展中蜂产业脱贫，户均年增收 5000 多元（合 741.55 美元）。

（2）依赖自然的发展观念逐渐转变，形成了生态保护和减贫共生的理念。系统、全面安排生物多样性的保护和开发，推动了当地居民生产生活方式的转变，生物多样性友好型的中蜂养殖业逐渐代替了传统养殖业等生态破坏型经济活动，助推贫困户走上了生态化、集约化、规模化的健康高效养蜂路子，为可持续发展奠定了良好的基础。

（3）区域绿色发展和可持续发展能力增强。中蜂产业扶贫模式的运用，提高了农户蜜源植物种植的积极性，调整了产业结构，又最大限度地减少了化肥、农药的使用，倒逼产业结构调整，使生物多样性得到了有效保护。当前，五峰县中蜂产业、特色加工业及以生态旅游为主的服务业已得到了长足发展。

▲ 中蜂产业助力生态保护

真实故事

五峰县仁和坪镇桥梁村的伍学凤，因丈夫和孩子的离世成为村里的极贫户。2017 年 5 月，她通过国家金融扶贫政策获得了 5 万元（合 7400 美元）贴息贷款，从中蜂养殖专业合作社购回了 30 群中蜂。当时，正是分蜂的季节，不到一个月，伍学凤的蜂群就增加到 58 群。随后，合作社又上门回购了 18 群，并按每千克 240 元（合 35.6 美元）的价格收购了 140 多千克蜂蜜。伍学凤因此获利 3 万余元（合 4400 美元）。

经验与启示

1. 生态保护和减贫可以共生，绿水青山能够带来金山银山

五峰县通过中蜂产业扶贫模式发展中蜂产业，改变和扩

展了当地居民的生计方式，还有效保护了生物多样性。从这个角度看，生态保护和减贫可以共生。对生物多样性保护地区的农村减贫而言，关键是要使减贫途径符合生态环境脆弱与生物多样性富集的资源环境特点，依据生态环境的承载能力，扬长避短，在可持续利用原则指导下，开发地域特色鲜明的生物资源性产业，用绿色发展理念指导行动，在行动中巩固、提升理念并形成发展共识。

2. 参与式扶贫方式增强了贫困户的发展意识

产业发展需要充分调动贫困户参与，关键是要通过创新运行机制、激励机制、监督机制，让当地居民在参与生物多样性资源保护和开发过程中提升能力、增加收入与改善生活环境。

3. 通过减贫反哺生物多样性保护，推进生物多样性保护与减贫的可持续

中蜂产业的发展在解决生物多样性保护与减贫工作矛盾的同时，与生态旅游、生态文化等产业结合，利用科普旅游等反哺生物多样性保护和生态建设，也可增强生物资源保存能力，从而实现地方经济、社会、生态的可持续发展。此外，通过加强区域生物多样性保护宣传，积极鼓励和正确引导社会公众参与生物多样性保护的监督管理，实现从索取生物多样性资源到反哺保护共生互惠的转变。

粮食问题

探索农业可持续发展和农民可持续增收的可行路径

——世界银行江西综合农业现代化项目

案例类型：可持续发展

关键词：农业综合，水利

提交机构：世界银行

摘　要

江西省位于长江中下游南岸，是中国农业生产大省之一。21 世纪初，江西省农村发展缓慢，体现为发展不均衡、农业生产技术粗放、农民收入低。江西省农业基础设施和市场体系薄弱，农民缺乏先进的农业生产技术，知识和能力不足成为制约生产力发展的瓶颈。2004 年 12 月，世界银行批准了江西综合农业现代化项目（JIAMP）1 亿美元的贷款，用于改善江西省 21 个项目县农村家庭的生活水平。通过该项目，中国政府和世界银行努力发展可持续农业，促进农民收入增长，应对交付挑战，支持地方政府对项目的承诺；鼓励农民参与项目并积极回应农民的需求；为可持续地运行维护水利灌溉系统，项目建立了用水者协会。

综合农业现代化项目建立了综合性、经济上和环境上可持续发展，以市场为导向的农业生产系统，以提高农业生产率、生产优质和高价值的农产品为重点。该项目新建或改造了水塘、水泵、管道和设备等水利灌排系统，有了可靠的水利灌排系统，农作物种植模式得到了改善；通过开发农村市场体系，农民与市场的联系得到加强；为农民提供了可持续生产管理和营销技能培训。通过这些措施，水利灌溉系统利用率从40%增长到80%；水渠水资源综合利用率从0.4增长到0.7；项目区农民人均农作物产量从5024元增加到8268元，增加了64.6%；2004—2010年，项目区农民人均年收入从2271元增加到3826元，增长了68.5%。

背　景

江西省城乡居民收入差距大，农村发展缓慢，体现为发展不均衡、农业生产技术粗放、农民收入水平低。2002年，江西省城镇居民的平均年收入为6336元（合765美元），农村居民的平均年收入只有2334元（合282美元），是城市居民平均年收入的1/3。解决收入差距的方法之一是提高农业生产率，但江西省农业发展面临重重困难，因为水利灌排系统投资匮乏、缺乏农业先进技术及农村市场体系薄弱。全省农村农业基础设施年久失修、老化破败，农业生产经常性缺水，饱受干旱和洪灾困扰。此外，在许多灌区，农田水利工程没有改造升级，降低了蓄水能力，水利用效率只有40%左右。农田水利工程产权单一、经营机制僵化、农业用水价格偏低，造成水利灌溉系统中下游严重浪费和结构性水资源短缺。水利灌排问题加上水利基础设施缺乏，直接影响了农民的生活水平。

▲ 贵溪市西溪大棚

项目实施

为了提高农民的生活水平，鼓励农业发展，江西省政府启动了江西综合农业现代化项目。该项目内容广泛，包括加强农田水利灌溉系统、改善用水管理和市场体系建设；覆盖广阔的地理区域，有 21 个项目县参与。项目实施机构面临一系列反复出现的交付挑战。由于参与项目县多，每个县面临的挑战各有不同，但主要的挑战是地方政府的支持、调整项目内容的目标和方式的必要性，以及用水管理系统无法明确责任等。

▲ 项目用水者协会培训班现场

1. 争取当地政府的大力支持

各级政府对项目实施的理解、接受和承诺各不相同。由于一些项目县领导更换较为频繁，加上项目准备时间长，影响了一些项目县的积极性和主动性，使项目实施进度缓慢。一些地方政府对项目投资感到担忧，项目准备阶段进展缓慢影响了项目初期所做的承诺。

2. 调整项目目标

从项目准备阶段开始，项目初始设计与项目内容及当地社区的需求之间存在差距。项目实施计划没有充分反映农民的需求，也没有充分考虑项目县的产业结构和发展目标。例如，虽然农田水利灌溉系统对农民至关重要，但项目初期对农田水利灌溉子项目重视不够。另外，项目低估了农民对种植高价值农产品（如当地有名的脐橙）的偏好。因此，项目团队不得不重新评估农民的发展需求，重新定位一些市场活动。项目原来的设计可能放大了对农民营销组织和中心市场建设的需求，而贷款条件过于严格也阻碍了一些农民申请贷款。因此，要求对项目内容进行重新调整和定位，以符合当地的实际情况。

3. 地方用水管理机构的投入

项目设计框架要求与当地用水管理部门合作，但项目初期并未明确当地政府和用水者的责任、权利和义务。江西省已有的水资源管理机构职责不清，农民没有充分参与水利灌排设施的管理。在江西省，水资源管理机构包括省水利厅、当地水利局和民间用水管理组织，但水资源管理的具体职责并没有明确划分。

4. 项目区选择与进退机制

项目区的选择是一个非常重要的抉择。根据世界银行的要求，项目区选择应与国家相关政策及地方实际情况相结合，以切实提高项目区的市场经济能力和促进项目区农民增收为目的。因此，江西省项目办提出了遴选标准，如地方自愿申请和退出项目；地方政府能够按照农田水利、农田生产、农村市场体系三个子项目进行有效实施；地方政府的财力有能力调配相应的配套资金，并且具备较好的偿贷能力等。

在项目的早期阶段，江西省项目办确定了九江、抚州、上饶、赣州 4 个设区市的 21 个县，但是很快发现一些地方政府对项目实施不积极，其中抚州市的宜黄县、南城县和崇仁县，九江市的武宁县、永修县和赣州市的全南县、章贡区、黄金区，共 8 个项目县（区）尤为明显。这些县（区）的项目进展缓慢，在实施后的几个月里 8 个县（区）申请退出项目。

江西省项目团队立即采取措施解决这个问题。江西省项目办召开申请退出县（区）的项目办负责人座谈会，对其申请退出项目的原因做了深入的调查分析，了解 8 个项目县（区）退出的主要原因。

通过调研，江西省项目办建议那些进度严重滞后的项目区政府调整项目或退出。同时，省项目办召开会议，积极介绍项目，挑选一些有意愿参与的县（市、区）。

江西省项目办对参会的各县（市、区）的代表讲明整个项目安排已到位，对项目县资金难以到位的问题做出了解释与说明，并声明世界银行贷款的操作手册、国内配套资金审批拨付和项目实施方案等前期准备工作已经全部就绪。

此外，江西省项目办请有意愿加入的县参加全面情况通报会议，确保县政府全面了解项目实施。会议介绍了项目实施的关键问题，包括项目实施框架、内容设计、投资目标、工作进度、项目申请程序和预期成果。

世界银行团队和江西省项目办为缺乏经验的项目工作人员举办了项目管理、采购、财务、安保政策、受益人参与及监测和评价培训，提高项目县实施团队的能力。此外，项目工作人员还有机会参加国内和国外的实地考察和培训。江西省项目办还鼓励各项目县工作人员之间彼此交流和相互学习，通过密切监测项目进度，为各项目县的实施团队及时提供支持。

经过重新申报和审核，最终江西省项目办选择了8个新项目市（县），即上饶市的鄱阳县，赣州市的大余县、上犹县、定南县、会昌县和瑞金市，景德镇市的乐平市及鹰潭市的贵溪市。这次项目区的调整在项目文件中被称为“8进8出”，共有8个县（区）退出，8个县（市）申请进入。这是项目实施团队深入沟通、交流，多方协商和决策的结果。江西省项目办针对这些新加入的项目县（市）提供有针对性的支持，提高项目办的实施能力。虽然项目启动时实施进度缓慢，但当地政府的强力支持和项目办团队的努力保证了项目的有效实施。

5. 反映农民的实际需求

江西省综合农业现代化项目在实施过程中遇到了一些困难。其中，人民币升值减少了县政府的可用资金；越来越需要灌溉设施；农民参与程度低；在确保市场体系的发展满足当地市场需求方面存在困难。在世界银行团队的指导下，江西省项目办制定了一套原则调整每个项目区的子项目，主要有：水利工程投资（包括果园投资）应不低于项目总投资的45%，每个县应建设至少一个田间灌溉区；其他子项目的投资不应超过水利工程投资；项目县农村果园投资不应超过农田生产子项目投资的67%（包括果园灌溉区内外的果园）；市场系统开发子项目的投资不应超过原始比例（占总投资的13.8%）。

▲ 农民用水者协会了解农民的需求

成　效

1. 各项目区子项目的投资比例有不同程度的调整，但农田水利灌溉子项目仍然是整个项目的重中之重

在项目实施之前，由于农田水利基础设施建设需要大量的资金投入及各级政府部门和农民之间的通力合作与集体行动，江西省的大型水利设施基本是进行必要的保护和维修。正如原江西省项目办袁主任在采访中所说："江西省大部分的水库和渠道建于 20 世纪六七十年代，经过几十年的运行，许多管道已经老化，水下不来，农民用水困难，直接影响农业生产和农民收入。"

到项目实施完毕时，农田水利灌溉子项目改造灌区 210 个，受益面积 895 517 亩；灌溉保证率由原来的 40% 提高到 80%，水稻和蔬菜每亩增产 32 千克。

2. 赣州市的果园水利作为农田水利子项目的重要新增内容收到了极大的效益

增加果园灌溉内容的决定是项目在实施过程中在积累的经验和积极响应收集信息的基础上做出的，是针对当地实际情况提出的更有效的解决方案。项目设计之初，为了响应当时国家和江西省改善农田水利基础设施的号召，农田水利子项目的设计框定在标准型的灌溉区的农田水利之上。各个项目县在进行申报时出于成功申报的考虑，不得不接受已经订好的项目计划。

由于赣州市山区地形居多，其境内的水利设施主要是为在山上种植脐橙服务，赣州市的 12 个项目县申报的项目内容仍然为农田水利修建排灌区。赣州市农民最需要的是果园水利，而非农田水利，因此对推进农田水利的积极性不高。县项目办在项目遇到农民抵触时也很无奈，因此项目一度无法推进而处于停滞状态。

面对种种困难，在世界银行的指导下，江西省项目办和县项目办与当地农民代表进行了讨论，并开展实地调查。项目工作组了解到，赣州市农民迫切需要的是为果园服务的灌溉工程，因为脐橙产业是赣州市经济发展的重要支柱。根据调查结果，江西省项目办和世界银行决定调整赣州市的水利子项目，改变原有的农田水利项目，转而在赣州地区实施果园水利项目，将果园灌溉区增加到 668 个，预计灌溉工程完成后内部报酬率从 14% 增加到 34%。赣州市的果园灌溉保证率从 50% 提高到 95%，脐橙产量每亩增产 636 千克，增长了 56.4%，取得了巨大的经济效益。

3. 市场体系建设子项目的调整更加凸显市场发展导向和农民需求导向

在实施农田水利投资和农田改善投资的基础上，项目对项目区县、乡农副产品交易市场进行改造和升级，扶持和支持小型农户加工企业、农业生产大户和农民营销组织是市场体系建设子项目的重要内容。

以市场化水平和需求为依据，项目对市场建设子项目进行了较大幅度调整，将市场建设子项目的重心由建立有形市场和营销组织转向鼓励生产大户和小型农户加工企业。项目中期调整之后，有形市场的建设和农民营销组织大幅度减少，江西省项目办将市场建设子项目的重点放在扶持生产大户和小型农户加工企业上，由原计划的 46 个调整为 114 个，集中市场建设子项目的配套资金转而为生产大户和小型农户加工企业提供贷款支持和技术培训，鼓励他们通过“公司 + 基地 + 农户”或“公司 + 农户”的组织模式，将生产、加工、销售有机结合，实施一体化经营。这样，既保护了农户的生产积极性和经济利益，又保证了农产品加工企业稳定的原料供给。许多生产大户因此迅速致富，并对周边农户起到很好的示范作用。

4. 农民用水者协会建立与鼓励农民参与

农民用水者协会的建立是综合农业现代化项目的一大制度创新。农民用水者协会的管理模式为鼓励农民自愿参与、独立管理和自助服务，其目标是用“契约精神”和“市场机制”解决与当地灌溉管理相关的问题，为投资新建的农田水利工程创造了积极、可持续的运行环境。在建立农民用水者协会之前，江西省存在以水利厅为主导、小范围内的水资源管理组织，个别村落也保留了族权方式的水资源管理组织。管理水资源的资源和组织机构分散不均衡。对于绝大部分项目区的农民而言，加入农民用水者协会无论在观念还是操作上，最初都是不被理解的，甚至被排斥。

世界银行和江西省项目办开展调查，与农民讨论并找出原因。为了消解农民对用水者协会的排斥，项目团队采取了先试点、再推广方式。经过初步筹备工作和研究，用水者协会的第一个试点（琴江东灌区用水者协会）于 2004 年 8 月开始在石城县运行。琴江区位于石城县城东北部，共有耕地面积 442 公顷，其绝大部分缺乏田间配套排灌设施，有一半以上的水浇地常年遭受干旱或水灾。据江西省项目办调查，每亩用水成本高达 110 元，并且有更多的隐性用水成本（如水源看护成本等），不利于农田可持续性生产。从 2004 年开始，世界银行贷款项目启动，石城县利用世界银行贷款及相关配套资金进行农田水利设施建设，并且对灌区管理体制进行改革，即对灌区灌溉主系统管理单位进行内部体制改革，在分支渠以下末级渠系组建农民用水者协会，着力解决分支渠以下的田间配水和维护。

石城县用水者协会的组建过程大致经历以下阶段。首先，成立相关的组织机构并进行培训，主要是江西省项目办团队对县项目办团队成员进行培训，再由县项目办团队成员对乡级工作人员进行培训，即世界银行所提倡的“对培训人员的再培训模式”；其次，由每个用水小组推举小组代表，经过严格的民主选举，委派小组代表参加农民用水者协会代表大会，选举出用水者协会的管理机构及管理人员，一般由村委会主任或者村中有威望的长者担任管理者；再次，建立章程和制度，如财务管理制度、用水管理制度、工程维护制度等，使用水者协会的运转有章可循；最后，在用水者协会的实际运行中，逐步收取农户的用水费用，规范灌区用水，提升用水效益。

在用水者协会组建过程中，世界银行和江西省项目办、江西省水利厅密切合作，为用水者协会的成立破除体制、机制上的障碍，还为用水者协会工作人员的培训提供了资金专项支持和内容、方法上的知识分享。截至项目竣工，项目区共建立了 218 个农民用水者协会，参加农户约有 22 890 人，覆盖人群广，有效地节约了水资源，提高了资源利用率，降低农民生产成本约 20%。

真实故事

吉纬果园位于江西省石城县，种植了 12 000 多株纽荷尔脐橙，占地面积 0.19 平方千米。果园地势高，土质疏松，很容易干旱。果园建于 2003 年。建园初期，由于缺少资金，果园没有能力建造水利灌溉设施，到了干旱季节，只能请人挑水浇灌，勉强养活果树。由于干旱季节灌溉不足，果园很容易爆发病虫害。因此，果园主人时常遭受严重亏损。

2006 年，果园股东之一卢先生成功说服合伙人，通过当地财政局申请世界银行贷款，用于建设水利灌溉设施。灌溉设施包括修建蓄水山塘 1 个、中型工作池 6 个，水管铺设地下总长 20 730 米，以确保灌溉水管可以浇灌每株果树。通过 3 年的辛苦付出，2007 年果园比上一年增产 30 000 千克；2008 年，又增产 45 000 千克；2009 年，再次增产 50 000 千克，增产率分别达到 26%、38%、25%。与周边的许多农民一样，卢先生和他的合伙人不仅提高了果园产量，而且增加了收入。

吉纬果园是江西省及江西综合农业现代化项目的典型案例。在江西省，缺乏灌溉设施是造成农民贫困的原因。项目实施期间，项目区受益人口达到 129 万人，农民平均收入从2256元增长到3451元，增长了53%（世界银行2011年统计数据）。为了应对项目实施中出现的复杂情况，根据受益人的实际需求，项目及时进行了调整，体现了灵活的调整能力。项目取得的成果与项目团队的综合实力、各级政府和发展伙伴的支持密不可分。

经验与启示

1. 激励地方政府履行承诺并提高执行能力

江西综合农业现代化项目要求不同行业、政府部门和机构之间密切沟通协调。诸如此类综合开发项目从开始准备到实施往往需要很长时间，广泛涉及各级部门和机构。当地政府履行承诺和提高执行能力是项目成功的关键。由于一些地方政府缺少实施外资项目的经验，不太熟悉项目程序和政策，有时不能准确预测与规避项目实施相关的潜在成果和风险。因此，在项目启动后，世界银行和江西省项目办举办会议研讨，全面解释了项目框架、内容、计划和预期成果，帮助项目县的利益相关者理解新的概念、新的目标和框架，同时通过及时调整项目县，组织项目的系统性培训和交流会，推动地方政府履行承诺并提高执行能力。

2. 回应最终受益人的实际需求

项目的实施与受益人的生活改善、当地农业结构调整及经济发展密不可分。了解农民的实际需求并确保他们积极参与项目的设计、建设和监督非常重要。在项目实施过程中，世界银行和江西省项目办在项目区开展实地调查，及时对农民的需求做出回应，并对子项目投资金额和方式进行调整。项目还根据农民的需要和需求调整了项目内容。这些调整有助于激励农民参与项目活动（如可以从投资农田水利调整为投资果园水利的变化中看到），从而加快了项目实施，提高项目的影响力。

3. 推动建立用水者协会，鼓励农民参与

衡量项目影响的重要指标是参加项目的受益人数越多越好，还可通过公众参与平台听取受益人的意见，并将其纳入项目实施。在整个江西综合农业现代化项目实施过程中，项目团队鼓励受益人采用“试点 + 推广”模式，全面参与用水者协会。该模式鼓励农民参与用水者协会的各项活动，包括计算灌溉利润、灌溉基础设施的独立管理、在协会成立之前和之后独立计算水费的变化及民主选举协会代表和工作人员等，建立农民自己管理水资源的新制度，为项目基础设施的长期运行奠定了坚实的基础。

石城县琴江东灌区农民用水者协会组建的基本经验之一是，让农民充分参与用水者协会的组建过程，通过农民自主计算协会组建前后用水费用的变化让其决定是否加入协会。通过组建农民用水者协会管理利用水资源，石城县有效提高了水资源的利用效率，降低了农民的亩产成本，缩短了用水时间。

参与式教学提升农民农业技能

——联合国粮食及农业组织广西壮族自治区融安县“农民田间学校”项目

案例类型：社区和农村治理，参与式扶贫，科技扶贫

关键词：农民田间学校，参与式、启发式和互动式培训，职业农民

提交机构：联合国粮食及农业组织驻华代表处，融安县农业农村局植物保护站

摘　要

农民田间学校（FFS）项目是由联合国粮食及农业组织（以下简称“粮农组织”）提出的一种自下而上的参与式培训模式，广西壮族自治区融安县运用了该模式。该模式通过培训农民，可以带来以下益处：农业技术可以帮助农民提高农业生产；推动农业现代化；增加农民的农业收入。但是，该模式面临一个重要挑战：传统培训使用灌输式教育方法，农民难以理解专家使用的术语。

农民田间学校培训模式倡导“以人为本、能力为先”，整个培训过程都在田间进行，贯穿农作物生长始终。该模式采用非正式的成人教育方法，普及有害生物综合治理（IPM）理念，培养农民发现、分析和解决问题的能力，向农民传授田间调查、识别和诊断知识，使农民成为当地专家和扶贫带头人。

背 景

科学技术是农业发展的动力，而对农民进行农业技术培训，可以促进研究成果和实践技能在生产中的迅速应用，推动农业向现代化方向发展，增加农民的农业收入。然而，农业培训的主要挑战在于传统培训模式以灌输知识为主，农民难以理解和消化专家使用的各种术语。

为了应对传统农业培训的挑战，粮农组织提出了“农民田间学校”培训模式。在过去的几年里，广西壮族自治区融安县冠带村采用了这一模式。该村是典型的山区贫困村，是全县120个贫困村之一。村庄山路陡峭，离县城很远，产品运输成本相对较高，贫困人口增收困难。

项目实施

农民田间学校是一种自下而上的参与式培训模式，坚持“以人为本、能力为先”的理念。融安县农业农村局植物保护站从2013年开始在该县设立农民田间学校。2017年5—10月，该站开办了有关中国／粮农组织降低农药风险项目的有害生物综合治理农民田间学校。

整个培训过程都在田间进行，贯穿农作物生长始终。该模式采用非正式的成人教育方式，普及有害生物综合治理理念，培养农民发现、分析和解决问题的能力，教授农民田间调查、识别和诊断知识，使农民成为当地专家和扶贫带头人。

农民田间学校培训采取以下措施：

（1）培训专业辅导员。辅导员以参与和互动的方式为农民提供技术和信息支持，使农民能够独立提出更好的想法和解决办法。

（2）在对农民进行培训之前，辅导员需要在村里进行需求和机遇评估，与农民一起制订培训计划，有针对性地解决当地具体问题。

（3）根据培训方案设计培训内容。所有培训内容均采用参与式、启发式和互动式的方式，一次培训 3 ～ 4 个小时，包括绘制作物生长发育图、观察昆虫园、记录昆虫行为、病害圃中的病害等内容。

（4）该培训还包括市场营销，引导农民了解从生产到销售的整个价值链中影响农产品利润的因素，指导他们在不同情况下做出正确决策；指导农民权衡利润和风险、了解市场价格变化及农产品价格的短期和长期变化。

成　效

通过农民田间学校培训，农民各方面的能力得到显著提高。第一，农民的生态系统分析能力有所提升，能够科学地认识农作物种植过程和管理种植园。第二，农民具备了试验研究技能，可以积极开展小规模农业种植试验，不再盲目使用外部信息。第三，农民的市场营销技能得到提升，部分学员具备了议价能力。第四，农民的参与能力和表达能力有所提高，开始积极参与村内公共事务，部分农民成为扶贫带头人和村干部。

通过农民田间学校培训，更多的农民学会了科学种田。

以融安县当地著名的柑橘品牌——金橘为例，其产量大幅度提高，优果率显著提升。平均亩产（15 亩相当于 1 公顷）相比培训前增加 500 千克，增幅达 40%，优果率提高了 10% ～ 50%，直接经济效益达到每亩 15 400 元（合 2260 美元）。而未参加培训的农民直接经济效益每亩为 7500 元（合 1100 美元），与之相比，接受农民田间学校培训后，农民的经济效益提高了 105.3%。

农民田间学校的实施增加了农民收入。一个七口之家在参加农民田间学校培训之前，年收入为 15 000 元（合 2200 美元）。他们在 2016 年 5 月至 2017 年 12 月参加培训，学习种植技能并应用于种植实践。2018 年，其家庭年收入增加至 75 000 元（合 11 000 美元），生产技能的提高帮助该家庭摆脱了贫困。

此外，农民大大减少了农药的使用，杜绝使用禁用和限用农药。通过开办农民田间学校和农民田间学校后续建设，农民的农药使用量比开办农民田间学校前减少了 40%，使用次数比开办前减少了 5 次。培训后，对受训农民种植的农产品进行抽样调查，结果显示没有发现农药残留超标，受训农民也没有发生农药中毒事件。通过培训，农民掌握了病虫害综合治理知识，减少了农药对人体、动植物造成的危害，提高了食品安全水平。

经验与启示

农民田间学校是可持续性的项目。一方面，农民田间学校是以农民为中心，以需求为导向，以田间为课堂，以实践为手段的农民教学培训模式。参与式和互动式培训模式改变了传统培训方式，充分保证了农民的自主权和发言权，使他们能够对问题进行思考。该模式增强了农民的协作意识，动员农民参与经济发展和减贫过程。另一方面，农民田间学校培训的辅导员可以不断指导农民，引领新型培训的发展。这些辅导员通常愿意学习技术和管理技能，扎根农村，具有权威性且经验丰富，能够为农村发展提供人才、智力和技术支持，为农民田间学校的可持续发展奠定了基础。持续的培训有助于推广农业发展技术，不断帮助农民脱贫致富，促进农业农村可持续发展。

在经验方面，该项目有四大成果可供国际参考。

（1）利用各产业部门优势，采取措施吸引农民参加培训，而不是“填鸭式”灌输的方式。

（2）运用启发式和互动式的方法培训农民。

（3）根据农业生产的季节性确定培训时间，使农民随时准备学习，并对培训内容有深刻的认识。

（4）本土专家是支持培训可持续发展的关键所在。

▲ 农民接受培训

▲农民观察害虫

▲ 农民在田间研究生态系统

脆弱性群体

工具银行解决小农生产发展之忧
——以国际农业发展基金对印度特贾斯维尼村农村妇女赋权计划为例

案例类型：可持续农业

关键词：农村妇女，工具银行

提交机构：国际农业发展基金

摘　要

印度的许多农民面临设备购买难、购买成本极高等问题。小农可以根据需要从租用工具中获益最多，但标准的租用制度通常成本太高。工具银行或农业机械设备定制租用中心旨在为贫困农民提供按次付费的现代农业技术和机械设备。这有助于在只收取象征性费用的前提下，减少农民的体力劳作，提高农民的劳作效率，并提高生产率。特贾斯维尼村农村妇女赋权计划为小农提供了各种农业设备。这些小农的田地面积过小，没有资金购买设备，还面临市场上的机械设备租用成本高、贷款难等问题。工具银行帮助农民解决了上述问题。

背　景

农业机械设备获取困难在印度是一个普遍性问题（农业机械设备的使用仅占潜在市场的 25%）。即使农民能够购买农具，通常也只限于单一的活动，如农田清理，消耗了大量的剩余现金。如果农民更多地使用机械设备，可以大大降低收割后的损失程度。特贾斯维尼村农村妇女赋权计划面临的一个主要挑战是如何将被边缘化的贫困小农群体纳入那些能够获得农业设备并以实惠的价格提供给成员的农村组织。

当地工具银行以实惠的价格出租迷你拖拉机、割草机、脱粒机、喷水器等农业设备。

项目实施

效仿由国际农业发展基金支持，并为农民提供农业机械设备的“马哈拉施特拉邦贫困地区综合农业干预项目（CAIM）”，同样由国际农业发展基金支持的“特贾斯维尼村农村妇女赋权计划”也提出了类似的概念。该计划的解决方案是根据需要，以实惠的价格和租借的形式使妇女获得多种农业设备和工具。该计划主要是通过社区建立和管理的工具银行实现。

工具银行（即农业机械设备中心）为社区下辖资源中心或农村组织所有，并由其管理。上述组织指定一人管理和监督运营，同时设定租赁费用。每个中心都拥有一系列机械设备，如小型拖拉机、插秧机、脱粒机、割草机、磨床、电动喷水泵和喷水器等。

项目的目标是为贫困妇女提供经济、社会和政治领域的发展空间与机会，以提高她们的福祉，通过改善妇女的收入和物质条件，使她们参与决策掌控自己的人生并确保生计，以支持邦政府有关赋予妇女社会和经济权利的承诺。

成　效

（1）该项目下的首个工具银行是在 2012 年 3 月成立的。到目前为止，共有 84 个工具银行在四个地区运作，总共约有 17 200 名成员。90% 以上的工具银行是由农村组织（VO）运营，其余由社区下辖资源中心（CMRC）运营。农村组织运营工具银行的平均成本为 78 900 元（合 11 700 美元），而社区下辖资源中心的运营成本为 38 000 ～ 52 000 元（合 5600 ～ 7600 美元）。大多数工具都是结合各种政府计划购买的。这些计划可以为工具购买提供 50% ～ 90% 的补贴。就财务收入而言，工具银行的平均年收入为 10 500 ～ 20 900 元（合 1550 ～ 3100 美元），而较早建立的工具银行的收入为 41 800 ～ 58 000 元（合 6200 ～ 8540 美元）。

（2）小农和边缘农民及女户主家庭享受到的福利包括：可随时使用各种农业机械设备，以满足各种农业劳作需求；各种农业活动的成本，如劳动力使用和农业投入（在某些情况下占比高达 50%）得以降低；引入水稻插秧机后，水稻产量增加了 150%；田间作业的整体效率得到了提高；使用机械设备（如干草打捆机）回收农作物秸秆及其他残余物；通过激光调平等技术改善水资源保护等。

（3）工具银行使用的一些技术都是女性易于掌握的，如自助小组（SHG）内的妇女经常操作使用的插秧机可以节省时间，并减少体力劳作。

（4）有两个社区下辖资源中心已经实现了 100% 的成本回收率，还有 4 个社区下辖资源中心成本回收率超过了 50%，以上数据意味着该计划具有可持续性。迄今为止，工具银行（及其他项目活动）对参与妇女收入的影响不大，仅有 30% 的自助小组成员收入与基线相比增加了 50% 以上，而且其他 70% 成员的收入尚未确定。但是，工具银行在提高生产率和减少体力劳作方面的潜力是毋庸置疑的。

经验与启示

工具银行给我们带来了许多经验与启示。

（1）需要合力开展教育工作，以确保受益人了解使用农业机械设备的潜在好处及创建工具银行的可取性，尽管成员必须缴纳 10% 的费用。

（2）工具银行的规模在快速扩张。这就要求对与农业机械设备引进相关的成果进行密切关注，并随时与该小组的所有成员和该区的其他农户分享信息。

（3）工具银行若要具有长期财务可行性，就需要精心构建发展策略（可能包括向成员提供技术建议）。

（4）为取得成功，农业援助活动应辅以职业和商业技能培训计划，如使青春期少女和年轻妇女接受面向市场的技能培训和中等教育。

（5）为确保长期发展的可持续性，机器设备的租赁费不仅应包括运营成本，还应包括设备折旧费。

借电台之声助农村妇女减贫

——非洲四国农村广播电台“她的农场电台”项目

案例类型：妇女扶贫

关键词：农村妇女，“她的农场电台”，性别平等

提交机构：国际农业发展基金

摘　要

在埃塞俄比亚、马拉维、坦桑尼亚和乌干达，农村妇女收听电台的机会有限，而且在农村广播节目中也很少听到妇女的声音。在“她的农场电台”项目倡议下，来自埃塞俄比亚、马拉维、坦桑尼亚和乌干达的 13 家农村广播电台制作并播放了一些节目，旨在帮助小农特别是妇女，了解并运用气候智能型和营养敏感型农业案例的实践经验。“她的农场电台”项目的总体目标是反映农村妇女的声音，加大对她们的观点和关切事务的报道，并让她们更多地获取对改善生计至关重要的信息。

背　景

对于小农而言，由于信息服务质量普遍较差且覆盖范围较小，他们获取信息的机会有限，这也是其自身发展中的一大障碍。在世界许多地方，比起其他行业，女性更有可能从事农业相关工作。她们的许多工作未被记录，其价值也被低估，甚至没有得到回报。

埃塞俄比亚、马拉维、坦桑尼亚和乌干达的农村妇女接触无线电设备和移动电话的机会有限，而且在农村广播电台节目中也很少听到她们的声音。以上因素再加上农村电台很少报道对妇女具有重要意义的性别相关问题，电台与农村妇女之间的相关度不高，进而降低了她们的农业生产率，也限制了她们在市场中的拓展空间。

“她的农场电台”项目成立了聆听小组，旨在提供一条渠道，使妇女能够分享她们的故事和想法，然后为她们提供技术和设备，使她们的观点成为 13 家地方广播电台节目的素材。该项目的举措包括对电台制作人和主持人的培训、用于确定农村妇女特别感兴趣的问题和主题的参与性研究活动、对互动电台节目的设计和制作的支持，以及电台听众群的形成和动员。

“她的农场电台”项目不仅致力于满足妇女们的需求，还致力于促进电台农业和健康倡议中所提到的性别平等，进而促进男性和女性生活质量的提高。

项目实施

（1）国际农场广播电台的技能发展团队与 13 家广播电台合作，设计节目以收录女性的声音，该节目每周播出 5.5 集。收录的任务是通过组建聆听小组完成的。农村妇女先在聆听小组内分享女性感兴趣的主题故事，然后这些故事被用于节目制作。

（2）“她的农场电台”项目为聆听小组内的农村妇女举办培训活动，她们是电台节目的贡献者。她们接受媒体和公共关系方面的知识和技能培训，并学习如何识别、记录和分享与农业相关的故事。国际农场广播电台计划对电台制作团队开展技能培训，提升团队成员的性别敏感度，使他们能在农村广播电台节目中融入农村妇女的声音、故事、观点，并满足她们的信息需求。

（3）该项目为聆听小组的农村妇女采购和分发智能手机及收音机等设备。

（4）国际农场广播电台团队监控每周的节目，及时向制作团队提出改进反馈，还通过简单的方式使电台听众能够分享自己的观点、提供反馈，并参与讨论。

成　效

（1）13 家广播电台通过“她的农场电台”项目覆盖了超过 810 万听众。他们共设立了 120 个社区聆听小组，涵盖 2314 名成员，制作并播出了 262 集由社区聆听小组中的女性直接参与制作的农场电台节目。

（2）该项目增强了农村妇女在媒体和公共关系方面的技能，使她们能够在当地为自身相关的问题发出呼声。

（3）农村妇女获得的信息使她们能够改进农艺技能，促进电台农业和健康倡议中所涉及的性别平等，从而促进男性和女性生活质量提高和家庭粮食安全水平的提升。

（4）该项目极具成本效益，因为对每位听众来说，通过参与式电台活动实施改进的平均成本约为 70 美分。

（5）通过制作电台节目，妇女获得了更多对改善生计至关重要的信息，并使自己所在的群体或社区更具韧性。接受过培训后，参与者便能借助量身定制的节目在电台上表达自己对当地其他农村妇女的需求的支持和意见。

（6）该项目增强了农村妇女的能力，使她们能够为自身的需求和权利发声，表达自己的观点，将自身诉求传播到世界其他地区。她们享有自身被赋予的权利，因为她们能够作为一个群体讨论农业和性别问题，然后回家与丈夫讨论同样的问题。

经验与启示

（1）每位参与者需要接受一定时长的培训，学会如何使用手机，特别是那些没有手机的参与者。

（2）妇女需要公平参与所有对话的机会，分享自己的经验、观点和需求。

（3）需要定期监测电台节目，并与制作人和播出人员分享反馈，以保证该项目的后续质量。

基于生产技能的女性减贫
——国际农业发展基金云南省墨红镇墨红刺绣项目

案例类型：妇女扶贫
关键词：妇女，就业扶贫，少数民族地区
提交机构：国际农业发展基金

摘　要

女性是减贫工作的难点，因为她们掌握的生产技能有限、贫困脆弱性更加突出、受代际传递的影响更大。国际农业发展基金（以下简称“农发基金”）支持的云南省墨红镇墨红刺绣项目，基于生存的现实性诉求，着眼于满足贫困妇女战略性长远利益诉求，着力于促进妇女能力的可持续发展，对解决妇女扶贫问题有一定的参考价值。其最大的价值在于通过挖掘妇女的传统技能，使她们能够通过自己的劳动摆脱贫困。此外，该项目重视妇女的尊严和地位，提供了妇女交流的平台，更好地形成妇女发展的内生动力。可供国际借鉴的经验主要有两点：

一是通过挖掘妇女的传统技能，培育妇女发展的内生动力，通过民族手工刺绣这种传统文化的传承与发展，做到传承与经营相结合，把妇女从被动受益转为主动参与、从客体转为主体；二是通过劳动促进妇女意识、能力的改变和提升，使其在发展上赢得主动权。很多贫困妇女在参与该项目后，心态和视野发生了深刻变化，她们从封闭的家庭走出来，主动关心村社公共事务、关爱邻舍、参与社区的各类活动。

背　景

女性群体一直是减贫工作中的难点，而且在中国农村尤为突出。总体来看，妇女扶贫中的难点有两个：一是女性受教育及培训的机会少于男性，致使她们掌握的生产技能有限，很难通过劳动脱贫；二是作为家庭的主要成员，如果导致女性贫困的相关条件和因素（特别是教育、意识、技能、健康）不能得到有效的改善和改变，那么很容易使后代陷入前代的贫困境遇。

农发基金基于生存的现实性诉求，着眼于满足贫困妇女战略性长远利益诉求，立足于中国少数民族地区传统手工艺发展的需要，在云南省墨红镇实施了墨红刺绣项目，减贫效果十分明显。

项目实施

墨红镇地处云南省富源县西南，属高寒冷凉气候，天气潮湿多雨，常年冷凉，传统农业生产效率十分低下，贫困人口依靠发展传统农业摆脱贫困的压力巨大。因此，农发基金积极探索该地区的脱贫之路，经过充分研究后发现，墨红镇彝族刺绣历史悠久，实用性、观赏性较高，通过发展墨红刺绣实现墨红镇女性脱贫具有较强的可操作性。

（1）通过整合扶贫资金，农发基金、地方政府、村集体共同投资 54 万元（合 8.01 万美元）建成 4 个刺绣点，其中农发基金投资 36 万元（合 5.34 万美元），地方政府、村集体共投资 18 万元（合 2.67 万美元）。

（2）依托本土特色，瞄准妇女，精准选择项目点。墨红镇特选镇内手工刺绣比较集中的 4 个刺绣点，挑选出刺绣经验丰富的“巧绣女”60 余人，组建 4 个刺绣小组。

（3）根据妇女群体、刺绣产业特征，成立专门的妇女小组，妇女小组由当地妇女组成，设组长 1 名、副组长 2 名。组长、副组长根据各自的特长和优势分工合作，负责妇女小组日常管理，贯彻执行相关管理制度，带领妇女小组有序、健康发展。

▲ 墨红刺绣的传承

（4）在建成刺绣点后，邀请比较有名望和技术特色的专家进行实地讲学与培训。通过培训，不仅让参训绣娘更好地掌握刺绣技艺，也让更多绣娘与一些彝绣企业签订长期合作协议。

▲ 刺绣小组开展培训之一

（5）墨红刺绣项目通过举办刺绣文化节等文化推广活动，提升墨红刺绣的市场知名度，使更多的人了解墨红刺绣，为墨红刺绣的价值提升创造机会。

▲ 墨红刺绣制品

▲ 顾客挑选墨红刺绣服饰

成　效

1.大幅度提高贫困人口的收入

墨红刺绣市场前景较好，当地几家比较有特色的合作社（包括农发基金支持的 4 个项目点），都与浙江等东部沿海地区有合作关系，个别几家由于刺绣技艺高超，其制品早已达到供不应求的状态。按照平均水平，一个普通水平的绣娘每个月在工作 100 小时的情况下收入约 2000 元（合 296.62 美元）。一些技术好、工时长的绣娘，年收入能超过 5 万元（合 7415.54 美元）。此外，一些技术特别好的绣娘成立了合作社，不但自己早已脱贫，而且开始带动他人脱贫。

2.精准带动妇女群体，且带动范围较广

墨红刺绣项目立足妇女的日常技能，直接瞄准妇女群体，

帮扶精准。由于具有妇女群体日常消遣特色，且“传帮带”色彩较浓，刺绣的带动范围特别广。墨红镇刺绣小组建设启动后，墨红镇与富源县委宣传部、县文化和旅游局、县农业农村局、县文联加大宣传力度，该项目已经覆盖墨红镇 16 个村（居）委会，带动 2000 余户家庭，使 3000 多名妇女受益，间接辐射带动 5000 余农户受益。

3.提供妇女交流的平台，提升刺绣技能，增强内生动力

各刺绣小组分别由刺绣传承人担任组长，每个小组 15 名刺绣能手，每月一起刺绣 4 天、每周 1 天。大家在一起交流经验、互相学习，同时小组中刺绣大户介绍市场行情、订单情况及市场需求，给大家分材料、分任务，分刺绣各部分小样制作，根据个人刺绣特点共同完成一件作品，完成任务后获得经济效益。同时，刺绣小组成员不定期参加刺绣培训，认真学习刺绣理论知识。

▲ 刺绣小组开展培训之二

经验与启示

墨红刺绣项目的成功在于解决了以下三个问题：

第一，墨红刺绣具有民族特色。产业扶贫只有具有地方特色才能成功，才可以持续发展下去，而墨红刺绣不仅有民族特色，还有一定的技术特色，相关的技术被彝族妇女普遍掌握，且有一定群众基础。

第二，墨红刺绣属于有技术含量的劳动密集型产业，适合贫困地区发展。由于贫困地区、贫困人口往往是资源、技术、市场多重匮乏，所以能获得持续发展的扶贫产业往往都是一些需要大量人力投入的产业。墨红刺绣正是此类产业，绣娘通过自己的劳动投入获得一定的劳动报酬。

第三，墨红刺绣的成功在于解决了产业扶贫在后续发展中的关键问题：销路。销路是通过大户带动解决的，在平时的刺绣妇女小组活动中，刺绣大户介绍市场行情、订单情况及市场需求，基本解决了刺绣的销路问题。更重要的是，由于墨红刺绣是需要大量人力投入的产业，市场波动较小，因此在一定程度上规避了市场风险。

关爱农村留守儿童健康成长

——四川省内江市市中区关爱贫困村留守儿童项目

案例类型：特殊群体扶贫，儿童扶贫

关键词："2020 筑梦课堂"，留守儿童，外出务工

提交机构：共青团内江市市中区委员会

摘　要

随着我国经济的不断发展和农村产业的改革，农村外出务工人员日益增多，随之产生的"留守儿童"问题也日益突出。由于儿童的父母常年在外，留守儿童缺乏亲情陪伴和家庭教育，其健康成长受到影响。这已成为一个不容忽视的社会问题。四川省内江市市中区开展了"关爱贫困村留守儿童——'2020 筑梦课堂'"活动，旨在为贫困村留守儿童搭建一个丰富的课余生活平台，关爱他们的心灵，助其健康成长。可供借鉴的经验主要有三点：一是整合资源，为关爱留守儿童凝聚多方力量；二是建立长期稳定团队，实现帮扶效果长效化；三是广泛宣传，吸引更多社会力量关注农村留守儿童群体。

背 景

随着中国经济的不断发展和农村产业的改革，农村外出务工人员日益增多，出现了一些家长常年在外打工，子女“留守”村庄的情况，即所谓“留守儿童”。由于父母常年在外，留守儿童缺乏亲情陪伴和家庭教育，因此其健康成长受到影响。“留守儿童”问题目前日益突出，已成为一个不容忽视的社会问题。

四川省内江市是劳务输出大市，市中区是其政治、经济、商贸、交通和文化中心，素有“川中枢纽”之称。随着外出务工人员日益增多，随之产生的“留守儿童”问题也日益突出。截至 2019 年 5 月，市中区不满 16 周岁农村户籍未成年人总计 46 079 人，留守儿童 4696 人，占比 9.81%。

因此，从 2016 年 11 月开始，市中区开展了“关爱贫困村留守儿童——‘2020 筑梦课堂’”活动。该活动由共青团内江市市中区委员会（以下简称“团区委”）牵头，覆盖全区 19 个贫困村，旨在为贫困村留守儿童搭建一个丰富的课余生活平台，关爱他们的心灵，助其健康成长。

项目实施

“关爱贫困村留守儿童——‘2020 筑梦课堂’”活动以关爱贫困村义务教育阶段留守儿童的心灵和健康成长为核心，通过整合多方资源，招募大学生组成志愿支教团队，为农村留守儿童开展感恩励志、安全自护、学业辅导、心理辅导、兴趣培养等方面的志愿服务，以及舞蹈、运动、绘画等寓教于乐的培训互动。

▲ 志愿者为留守儿童上课

1. 政府组织，社会多方参与

该活动由团区委牵头，各级团组织全面参与，市中区人民法院团支部结对帮扶各贫困村团支部，负责活动的运作指导及资金监管。活动通过社会招募的方式引入社会组织和企业帮扶。截至目前，活动共引入内江市爱心志愿者协会、国鼎青少年服务中心等 10 余家社会组织及 8 家企业，募集资金 3 万余元（合 4449.32 美元）。其中，内江市市中区志愿者协会负责活动的策划组织和志愿者管理。

2. 摸清留守情况，建立档案资料

19 个贫困村的第一书记对各村留守儿童进行调研，摸清留守儿童的数量、家庭情况、兴趣爱好、平时表现等基本情况，并建立档案资料，在 19 个贫困村各选择小学 3 ～ 6 年级在读留守儿童 30 ～ 40 名参加本次活动，按照贫困与否分类入库。

3. 招募大学生成立志愿者服务队

该活动以心理、法律、美术、音乐等专业的大学生为招募重点，面向全社会招募志愿者，通过个人自荐、学校推荐、综合面试等 3 个环节最终确定志愿者 85 名，建立青春扶贫志愿服务小分队 19 支。2016 年，该活动在 5 个贫困村试点的基础上，选取 19 名责任心强、经验丰富的优秀志愿者担任 19 支志愿服务小分队队长，使其充分发挥传、帮、带作用，确保每支队伍都有骨干，目前已培养了青年志愿者骨干 30 名。

4. 设置个性化帮扶方案，实行信息动态化管理

“关爱贫困村留守儿童——‘2020 筑梦课堂’”活动采取每周六授课的方式，上、下半年各 8 周，共计 16 周，共开设音乐、体育、美术等 7 门课程，确保课程的多样性和针对性，并结合留守儿童具体情况，分类别制订关爱帮扶方案。志愿教师教授各种文体课程来丰富留守儿童的文化生活，同学之间的互动解决部分儿童内向胆小的问题，各类资源帮助解决个别儿童上学难的问题。

▲ 志愿者为留守儿童辅导作业

▲ 志愿者带领留守儿童参加体育锻炼

▲ 志愿者教留守儿童画画

该活动联合当地民政局建立了贫困村留守儿童信息动态管理机制，逐步实现对贫困村留守儿童统计数据变化、更新等的动态管理和监控，实现关爱和保护贫困村留守儿童工作的精准化管理。

5. 完善日常管理

实行周报月查机制。课前汇报课程内容、预期效果；课后汇报课程效果、儿童反响，以便做好后期的宣传和改进；每月由团区委不定期抽查志愿者上课情况，确保活动效果。

成 效

截至目前，该活动已累计授课 1800 余次，覆盖贫困村留守儿童 2000 余人。

（1）打造了留守儿童课余生活平台，解决了留守儿童课后回家无人管、无处学的问题。活动为贫困村留守儿童搭建了一个丰富的课余生活平台，在一定程度上减少了贫困村留守儿童课后无人管、无处学的现象。该活动结合各村实际情况，通过画手绘、贴墙纸，制作心愿墙、照片墙等方式，带领儿童参与设计装扮，充实了他们的课余生活，也充分发挥其主观能动性。

▲ 志愿者教留守儿童做手工

（2）通过开展活动，为留守儿童提供了人际交往的机会，提高了他们的自信心和与人相处的能力。活动的开展打开了留守儿童与外界交流的窗户，增强了他们的自信心和与人相处的能力。例如，开放日设置“值日生”的方式，由儿童参与管理，填写“值日记录本”，以增强其归属感和责任感。

真实故事

陈慧媛是方碑小学五年级学生，家住凌家镇花红村4组。爸爸在成都上班，陈慧媛与妈妈、爷爷、奶奶生活在一起。她性格十分内向，没有认识的好朋友，经常一天都不说话。志愿者发现这个情况后，对她进行了一次家访，并邀请她参加“关爱贫困村留守儿童——‘2020筑梦课堂’”活动的心理、手工、游戏等课程。为了让陈慧媛尽快融入班级，志愿者鼓励班级里活泼的孩子主动和她交朋友，教学中更多地关注她。一段时间后，通过老师们的积极引导和同学们的主动交往，她慢慢地尝试和其他小朋友聊天，主动融入集体一起玩。同学之间的相互帮助能让她觉得学习中不再孤单，但是她仍然缺乏自信。志愿者针对她的不足进行了专门辅导，如在课堂上对她能够回答的问题给她发言的机会；为她开展心理辅导，增强自信心。

经验与启示

1. 关爱留守儿童需要多方资源、多方力量共同参与

案例的成功在于充分发挥了政府部门的组织协调能力，整合其他各级政府部门、企事业单位、社会组织等多方资源与

优势，动员多方力量共同关注留守儿童，明确各方职责，取长补短，共同搭建关爱农村留守儿童的平台。

2. 关爱留守儿童需要一个长期稳定团队，实现帮扶效果的长效化

留守儿童需要长期持续的关注和关爱。这就要求该活动的志愿者既要有较高的文化水平，也要保证队伍的长期稳定性。志愿服务团队成员以心理、法律、美术、音乐等专业大学生为主。志愿者需通过层层筛选，以保障成员的素质水平。同时，每支志愿者队伍均配有经验丰富的志愿者，使其充分发挥传、帮、带的作用。只有尽可能保证志愿者队伍的稳定，才能实现帮扶效果的长效化。

3. 广泛宣传，吸引更多社会力量关注农村留守儿童群体

农村留守儿童是相对特殊的群体，需要全社会各个层面的关注。该活动充分发挥了网络的便利性，通过团区委微信、微博等新媒体呼吁社会爱心人士关爱留守儿童，在“内江市中区共青团”官方微信公众平台开设“关爱·呼吁”专栏，定期推送贫困儿童信息，为困难学生争取长期一对一结对资助等，吸引更多社会力量关注农村留守儿童群体。

全方位关爱特殊群体健康成长

——以湖南建筑高级技工学校帮扶贫困孤儿为例

案例类型：特殊群体扶贫

关键词：贫困孤儿，职业教育，“福利机构—学校—企业”培养模式

提交机构：湖南建筑高级技工学校

摘　要

孤儿是我国社会发展中的一个不可忽视的特殊群体，他们心智不够健全，但仍有很强的可塑性。这便决定了对其帮扶，除了给予财物外，更要注重以教育促发展为理念的帮扶方式。湖南建筑高级技工学校以湘西土家族苗族自治州孤儿为帮扶对象，整合多方资源，形成“福利机构—学校—企业”的帮扶模式，为他们提供心理健康、专业技能、综合素质等多方面的帮扶，使其在学到专业技能的同时，感受到社会各方面的关心，重拾对未来生活的向往和信心。该模式可供借鉴的经验主

要有两点：一是孤儿的教育需要营造一个幸福的成长环境；二是“志”“智”并举，才能阻断贫困代际传递。

背　景

在精准扶贫的对象中，孤儿是贫困人口中的特殊群体。他们的心智还不十分健全，却具有相当程度的可塑性，这便决定了对其帮扶，除了给予财物，更要注重以教育促发展为理念的帮扶方式。他们如果缺乏必要的技能，将很难得到一份稳定的工作并自食其力。因此，如何解决这部分孤儿的贫困问题和教育问题成为精准扶贫的重要内容之一。

湖南省湘西土家族苗族自治州（以下简称“湘西州”）是国家集中连片特困地区，是湖南省贫困程度最深的地区。湘西州有法定孤儿 2180 人，实际孤儿 3270 人。这些孤儿以集中供养和家庭寄养两种生活方式为主，是贫困人口中的特殊群体。湖南建筑高级技工学校以湘西州孤儿为帮扶对象，整合多方资源，开设“青苗班”，形成“福利机构—学校—企业”的帮扶模式，为学生提供心理健康、专业技能、综合素质等多方面的帮扶。通过这种帮扶模式，学生不仅能学到专业技能，通过技能改变自身处境，成为对社会有用的人，而且可以重拾对未来生活的向往和信心。

项目实施

为更好地发挥职业教育在推进精准扶贫工作中的作用，2017 年，湖南建筑高级技工学校主动与湘西州福利机构“慈爱园”对接，成立“青苗班”，接收了 12 名特殊家庭的孩子来校读书。这些孩子年龄为 13 ～ 15 岁，自小就与爷爷、奶奶相依为命，靠低保或者政府贫困补助救济生活。2018 年 9 月，第二批“青苗班”的学生顺利入学。入学之后，该校发现这些孩子在学习态度、思维方式、心理健康、职业素养和社会交际方面与正常入学的学生存在较大差距。针对“青苗班”学生的特点和存在的问题，该校与“慈爱园”对接，解决他们的基本生活保障和亲情回归问题；校内配备优秀师资负责他们的专业学习和心理健康；与企业对接，订单式培养，确保他们的就业无后顾之忧。该项目探索出“福利机构—学校—企业”的新型培养模式。

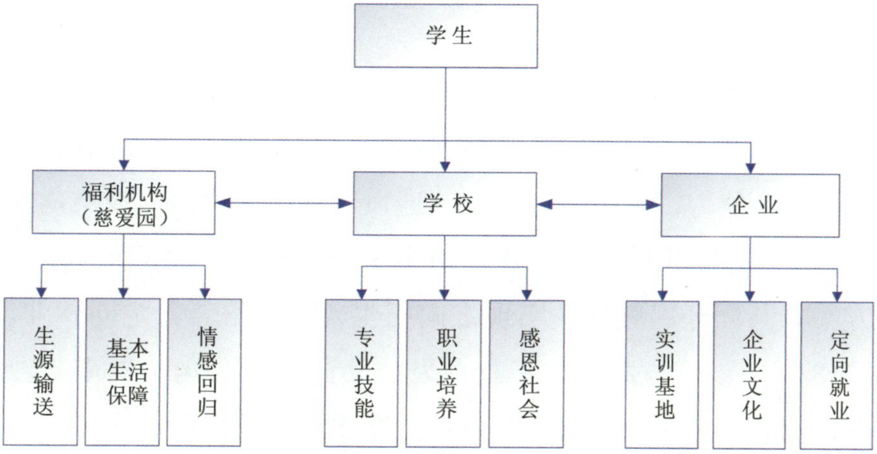

▲“福利机构—学校—企业”新型培养模式

1. 瞄准贫困孤儿，精准定位帮扶对象

职业教育的对象正是能力亟待发展的群体。孤儿是贫困人口中的特殊群体，九年义务教育后部分优秀的待教育孤儿有望申请高等教育助学工程救助，继续完成高等教育，但更多的学习困难的学生可能因缺乏引导与关注而错过更多发展机会。湖南建筑高级技工学校关注的就是孤儿中的这些困难群体，让学习困难的学生也能享受到公平的多样化教育，掌握一技之长并实现多渠道就业。

2. 整合多方资源，对在校生开展全方位的能力培养

湖南建筑高级技工学校整合多方资源，采取专业上分散管理、生活上集中管理的培养模式，从心理健康、专业技能、综合素质等方面对“青苗班”学生开展全方位的综合能力教育。该校重视这些学生的心理健康成长，所以注重对他们进行心理辅导、行为习惯养成等教育。为了让学生掌握一技之长，该校依托自身专业优势，并通过与企业合作，加强对学生的专业技能培训和就业帮扶。另外，该校还通过各种渠道向企业、个人等社会力量筹集资金，对学生免收学费，并在生活、交通等方面给予补助，设立专项奖学金。

3. 以就业为导向，重点培养学生的就业技能

在技能教育过程中，湖南建筑高级技工学校注重培养学生的就业能力，希望通过自身“造血”巩固“输血”成果，彻底拔除穷根、消除贫困。该校与多家企业合作，共同制订培养方案并共同开展教学，实现定向招生、订单培养、定向就业。2018 年，该校与湖南建工物业发展集团有限公司、湖南省沙坪建筑有限公司等多家企业合作，在水电安装工程、电梯工程技术、建筑施工和工程造价等专业开设订单班，解决了学生就业的后顾之忧。

4. 关注学生心理健康，注重关怀教育

由于成长环境特殊，孤儿容易产生孤独感和自卑感。因此，该校在教育教学过程中，十分重视学生的心理健康成长，成立了心理咨询室，对全体“青苗班”学生定期开展心理整体评估和心理健康水平监测，为每个学生都建立了完整的心理档案并持续追踪。同时，该校增设一些心理健康教育课程和心理能力训练内容，由心理咨询室的专业教师通过一对一的心理访

谈、一对多的心理团体辅导活动，开展青苗学子的心理健康教育活动及工作。

成 效

1. 学生的学习成绩、专业技能、心理健康水平均大幅提升

自 2017 年“青苗班”组建以来，学生们的学习成绩、专业技能水平、心理健康水平都得到了大幅度的提高。学习上，根据两学期学习成绩对比，12 名青苗学生的下学期专业成绩较上学期平均提高了 30%；专业技能上，学生从最初的一无所知到能独立绘制出图形、完成模型；心理健康水平上，根据前后两次大学生心理健康问卷（UPI）、症状自评量表（SCL-90）及生活满意度量表结果，经过一年的学习，学生们的身体素质、心理素质明显增强，学习能力、沟通能力得到提高，职业目标与人生目标更加明确。

▲“青苗班”学生作品展示

2. 探索了针对孤儿的帮扶新模式，为社会培养有用人才

孤儿由于缺少家庭的照顾与关怀，缺少亲情，存在健康成人的困难。“青苗班”这种针对孤儿的帮扶新模式使他们受到社会的持续关注与技能帮扶，使受帮扶的孤儿通过技能学习成人成才，在改变自身境遇的同时，也成为促进社会和谐、对社会有用的人才。

经验与启示

1. 孤儿的教育需要营造一个幸福的成长环境

孤儿是我国社会发展中的一个不可忽视的特殊群体。由于他们的身心受过伤害，从小就缺失父母的关爱和家庭的温暖，因此他们更需要父母的呵护与家庭的关爱，需要与其他同龄人一样过正常的生活。为真正营造全社会关心关爱孤儿的氛围，要根据孤儿成长的状况及实际需要，更好地发挥学校实践育人的作用，切实为他们解决生活贫困、亲情缺失、技能教育等问题，改善他们的成长环境，帮助他们健康成长。湖南建筑高级技工学校从心理、技能、就业等多方面对孤儿开展帮扶工作，让他们感受到来自学校和全社会的关怀与照顾，为他们的成长营造了一个幸福健康的氛围。

2. “志”“智”并举，才能阻断贫困代际传递

教育扶贫的关键两点在于扶“志”与扶“智”，既要激发学生自主脱贫的内生动力，又要提高学生的实际脱贫能力。在对“青苗班”学生培养过程中，湖南建筑高级技工学校通过组织形式多样、主题鲜明的集体活动鼓励学生敞开心扉，通过集体、团队的力量来释放其长期积累的心理压力，培养其感恩之心，提高其社会责任感。专业教学由各教学专业科室负责，并

通过与企业合作，突出技能培养和操作能力。这样，通过解决“志”与“智”的问题，达到“职教一人，就业一个，脱贫一家”的效果，实施“造血式”扶贫，有效阻断贫困代际传递。

扶贫项目实施与管理

特色专业合作社模式推动乡村振兴

——世界银行甘肃省渭源县田园牧歌养殖专业合作社项目

案例类型：农业产业扶贫，国际援助

关键词：产业扶贫，合作社模式，渭源县

提交机构：甘肃省渭源县扶贫办

摘　要

在脱贫攻坚过程中，许多地区都采取了合作社模式带领群众脱贫致富，但是合作社模式在实际操作中存在不同的问题，如管理模式不合理、引进的产业项目不合适、分红方式不科学等。世界银行第六期产业扶贫试点示范项目为甘肃省渭源县农村地区的合作社模式带来了新的思路。渭源县田园牧歌养殖专业合作社通过世界银行的扶持进行了改组、扩大了规模，立足于当地实际，结合项目的实施探索出一种具有特色的脱贫模式。该模式的特点有：通过建立标准化的养殖基地，为合作社内各社员统一提供良好的母羊品种，统一进行养殖技能

培训，统一进行养殖管理，统一集中回收供给市场，通过养殖羔羊增加经济收益；合作社利用项目区内纯天然无污染的牧草资源和大量农作物秸秆，成立饲草料配送中心，组建饲草料加工技术服务队，通过种植牧草和农作物秸秆支持养殖，也对外出售，带来可观的经济收益；合作社根据世界银行的制度和规范，制定了透明公平的盈余收益分配制度，为农户带去了实际分红，有效提高了其参与生产种植的积极性。田园牧歌养殖专业合作社模式很好地结合了渭源县的实际情况、世界银行项目带来的资金和管理优势，成为当地脱贫致富和乡村发展的有力推手。

背 景

甘肃省定西市渭源县于2012年成立了田园牧歌养殖专业合作社（以下简称“田园牧歌合作社”），但当时合作社的规模和收益有限。2015年，世界银行第六期产业扶贫试点示范项目来到渭源县，带来了全新的发展模式和资金，为合作社的生产发展注入了新鲜血液。虽然有了资金，但合作社的管理不能满足发展的需要。于是，田园牧歌合作社根据世界银行的要求进行了改组，改组后社员数量大幅度增加，合作社的评估资产也有所提高。改组后，田园牧歌合作社对症分析、认真思考、长远考虑，利用项目资金改善基础设施、提升经营能力，将世界银行的先进理念与合作社的实际发展相结合，探索出了田园牧歌合作社模式。该模式较好地结合了当地的优势和世界银行的项目设计理念、资金资源，通过养殖羔羊和种植牧草，由合作社进行统一管理、技能培训和产品回收，有效提高了养殖种植的效益，实现了农户与合作社的共赢。田园牧歌合作社根据世界银行的规范要求，建立了完善的盈余收益分配制度，提高了农户参与合作社经营发展的积极性，有效促进了当地的经济发展。

项目实施

渭源县立足于本地的资源优势，结合世界银行项目的实施，探索出了田园牧歌合作社模式，具体实施过程如下。

1.养殖带动

合作社对于有养殖意愿的社员，与其签订养殖带动协议，给社员投放 1 只基础母羊。社员每年向合作社返还 1 只 3 月龄羔羊，连返 3 年，3 年后母羊归社员所有。社员除返还合作社羔羊外，剩余羔羊由合作社按每千克高于市场价 2 元收购。按社员养殖的每只基础母羊 1 年产 3 只羔羊计算，每只母羊可给社员带来收入 1200 元以上。在养殖过程中，合作社请养殖、疾病防疫等方面的专家对养殖户社员进行集中培训和上门技术指导，提高社员的养殖技术，降低了养殖成本，增加了养殖收入。

2.饲草带动

对于没有养殖意愿的社员，合作社将其集中起来。社员需向合作社每年无偿上交饲草500千克，除500千克饲草以外，社员收割的饲草由合作社以 500 克 0.3 元的价格优先收购。按每户每年向合作社交售 5000 千克饲草计算，每户可增收 3000 元以上。渭源县有丰富的纯天然、无污染的野草资源。合作社结合本地的资源优势，除了将农户社员闲置的农作物秸秆转化为养殖业必不可少的饲草之外，还在甘肃省农业科学院科研团队的大力支持下解决了野草青贮的技术难题，保证冬季的青草储备。合作社还新建占地 5 亩的饲草加工车间一个，为当地的饲草收购、加工提供了有力保障。

3.务工带动

目前，在合作社常年务工的贫困户社员有 4 人，其年收入 36 000 元，务工半年以上的贫困户社员有 14 人，其年收入 13 000 元以上。合作社对贫困户社员优先照顾，提供就业岗位，吸收他们到养殖基地和饲草加工车间务工，让他们从事养殖、饲草加工等工作，帮助他们增加收入。

4.订单带动

2019 年，合作社与 53 户社员签订了 203 亩青贮玉米种植合同。合作社无偿投入化肥、地膜、种子，并以每吨 250 元的保护价格收购，可使社员每亩增收 2000 元。合作社利用世界银行项目采购的青贮玉米收获机为社员提供有偿服务，收回的青贮玉米通过裹包青贮，除保证合作社养殖基地和养殖户社员的用量外，还被销往县内外。随着产量的不断增加，合作社的饲草还销往省外，打开青海省、西藏自治区等地的销售渠道，为以后的饲草销售奠定基础。

5.收益分红

合作社通过召开社员大会制定盈余收益分配制度，其主要内容为：合作社从每年利润中提取 10% 的公积金和 5% 的公益金，剩余的利润为可分配盈余，其中可分配盈余的 60% 根据社员与合作社的交易量（额）按比例进行分配，可分配盈余的 40% 按合作社组建时合作社和社员所持股份进行分配。贫困户社员的收益分配资金不得少于世界银行项目有条件支持合作社发展资金的 8%，收益分配时超过 8% 的按实际分配，不足 8% 的按 8% 保底。2017 年，合作社赢利 12.2 万元，2018 年 6 月向社员分红 9.66 万元，其中贫困户社员 181 户。2018 年，合作社赢利 23.53 万元，2019 年 6 月向社员分红 20 万元，其中贫困户社员 105 户。

▲ 田园牧歌养殖专业合作社世界银行项目第二次分红现场

成　效

田园牧歌合作社自 2015 年改组以来，显著提高了社员的收入水平，为当地的脱贫攻坚做出了巨大贡献，主要取得了以下成效。

1.经济效益显著

2017 年 6 月，田园牧歌合作社完成世界银行项目报账 160 万元。2017 年，合作社赢利 12.2 万元，提取公积金和公益金后给社员分红 9.66 万元，其中贫困户社员 181 户。2018 年，合作社完成提款报账 150 万元，累计报账 310 万元，2019

年 6 月第二次向社员分红 20 万元，其中贫困户社员 105 户。2018 年，合作社赢利 23.53 万元，提取 15% 的公积金和公益金 3.53 万元，剩余利润 20 万元，扣除未交饲草的 76 户社员的饲草款 2.28 万元后剩余 17.72 万元，作为第二次盈余收益分配资金，其中按照 40% 股金分红 7.088 万元，按照 60% 社员与合作社交易量分红 10.632 万元。2018 年，合作社向社员收购饲草 35 万千克，收购资金 21 万元，社员户均收入 1800 元。贫困户社员在合作社常年务工 4 人，收入达 12 万元，季节性务工人员 14 人，收入达 23.52 万元。通过以上带贫机制，合作社帮助 172 户贫困户社员稳定脱贫。

2. 有效激发农户的内生动力，以实际分红推动农户参与农业生产

田园牧歌合作社本着积极参与生产发展、不养懒惰的人的原则，只对本年度有交易量的社员进行分红，没有交易量的社员无法得到分红，对交易量位列前五名的社员给予资金奖励并颁发奖牌。田园牧歌合作社以农业生产结果为第一要素，以分红和表彰激发农户的热情，有效提高了当地的种植养殖效率，促进了经济发展。

真实故事

王桂玲是渭源县渭河源村下红沟社村民。加入合作社以前，她在家务农，丈夫在外地务工，儿子在渭源县五竹中学读书。家庭生活仅靠丈夫在外打工的劳务收入和农业收入，家庭年收入为 20 000 元左右，除去农业生产成本和家庭开支，剩余不到 10 000 元。2016 年加入了世界银行扶持改组后的合作社，2017 年抱着试试看

▲ 渭源县群众积极参与合作社活动

的态度，王桂玲从合作社免费领了5只羊，到了2018年母羊产了10只羔羊，除了给合作社交5只羔羊外，还出售了5只，收入4800元。当年年底，合作社给她家分红787.36元，加上她和丈夫在合作社打工的收入，一年仅从合作社就赚得3万元。2019年，她除给合作社交过5只羊以外，还有4只羔羊没卖，预计年底还能产8～10只羔羊，能卖10 000多元。王桂玲丈夫在合作社常年务工，工资涨到每月3000元，年工资收入36 000元，2019年分红1806.2元。另外，她又跟合作社签订了10亩玉米种植合同，合作社免费给她投放了10袋化肥、10亩玉米种子和地膜，每亩最少收入1500元，秋季可收入15 000元左右。按此计算，王桂玲一家通过合作社扶持带动，2019年年底收入达62 086元。

经验与启示

渭源县田园牧歌合作社的特色脱贫模式具有良好的可持续性，激发了农户的内生动力，在脱贫攻坚和乡村振兴中取得了突出成效。其成功的经验主要有以下几点。

（1）田园牧歌合作社模式较好地将世界银行的先进理念和当地实际结合起来。世界银行项目为当地带去了资金和前沿理念，打开了当地脱贫致富的思路。渭源县也抓住机会发挥自身特点，很好地结合项目的优势，把效果最大化，推动了当地脱贫攻坚。

（2）田园牧歌合作社模式有效地激发了农户参与生产发展的热情。在提供第一只母羊之后，当地养殖户需要返还羔羊，不参与养殖的农户需要上交饲草，而养殖的情况和饲草种植情况与收入密切相关。当地干部也为农户提供了有效的技术指导。这些“授人以渔”的做法改变了传统的“授人以鱼”的思路，解决了养殖、种植过程中的原料和技术难题，还调动了群众的积极性。

（3）田园牧歌合作社模式规范了当地的生产种植活动，进行了更好的管理。田园牧歌合作社成立后，社员的种植效率提高，种植的农产品销路有了保障，市场通道打开，种植户的收益有了保障，渭源县的农产品产业逐渐向规模化、专业化发展。收益分红模式规范了利益分配制度，透明、公开的分红更好地保障社员的权益。

参与式管理提高农户发展能力

——以国际农业发展基金在青海省民和回族土族自治县米拉沟灌区水利建设为例

案例类型：基础设施建设，水利扶贫

关键词：水利扶贫，参与式管理，民和回族土族自治县米拉沟灌区

提交机构：国际农业发展基金

摘　要

贫困地区通过外部援助实现了基础设施的大幅度改善。由于缺乏管理能力和资金，这些基础设施没有得到良好的后续管理和维护，一些基础设施的作用没有得到充分发挥，有些甚至在短短几年之内就被损坏、废弃。国际农业发展基金（以下简称“国际农发基金”）倡导通过参与式管理放大基础设施的减贫效能，其在青海的项目通过广泛建立水利管网大幅度改善了当地的水利条件。在此基础上，该项目通过建立用水者协会让农民自己管理水利管网，使这些水利设施得到了比较好的维

护和管理，服务减贫的效能也得到了放大。这种模式可供借鉴的经验主要有：多方筹措资金，其中政府和国际农业发展基金提供的资金占绝大部分，其余资金由贫困户自筹，保证资金充裕的同时，还能增强贫困户的主人翁意识；成立专门的用水者协会、用水者子协会和用水者小组，对其成员进行水利设施使用与维护培训，负责水利设施后期的部分维护工作；对当地农业生产进行规划，通过科学技术手段确定适合本地发展的农业；注重妇女在经济发展中的权益，帮助妇女参与水利设施建设与发展的各环节；在建设过程中地方成立乡镇级项目实施小组和村级实施小组配合项目的建设，帮助推进工程进度。

背 景

中国西北地区深处内陆，自然降水严重不足，农业灌溉严重依赖于水利基础设施，但在西北的很多贫困地区农业水利基础设施建设投入严重不足，渠道缺少专业人员维护、老化失修、渗漏严重，渠系建筑物配套不完善，满足不了农业生产发展需要，已经成为阻碍这些地区脱贫的关键因素。

国际农发基金在青海省海东市民和回族土族自治县（以下简称“民和县”）米拉沟灌区通过完善水利设施，探索了贫困户参与基础设施管理、提高发展能力的发展方式，使贫困户从中获得极大的收益。

项目实施

青海省海东市民和县米拉沟灌区地处西北黄土高原西缘，深处内陆，属西北黄土高原沟壑区。虽然米拉沟灌区是民和县农业生产条件优越的地区之一，但气候干旱、水利设施配套不完善等因素影响和制约了社会经济的发展，已成为贫困区实现脱贫致富、全面建设小康社会的瓶颈。

（1）从 2015 年开始，该项目共整合资金 2067.4 万元（合 306.62 万美元）。其中，政府和国际农发基金的资金占绝大部分，农民自筹占很小一部分，且来自农户的均摊。

（2）米拉沟灌区项目在青海省项目办的支持下，由民和县水利局负责承办。项目按程序开展招标工作，并将招标文件送至省项目办、国际农发基金审核，经同意之后再签订合同，开始建设。

（3）组建核桃庄乡农民用水户协会、李二堡镇李二堡农民用水者协会、塘尔垣农民用水户协会，并对其进行相关培训。三个用水协会承担项目后续的运行工作。

（4）对当地农业生产和以市场为导向的农业发展进行规划，并对相应灌溉服务的要求进行磋商。

（5）对灌区的基础设施进行勘察与设计。

▲ 工程技术人员讨论灌区基础设施设计方案

（6）对灌溉管理机构和用水者协会在灌溉设施的运行与

维护方面的职责划分进行讨论，并形成一致意见。

（7）工程竣工验收后，将运行与维护职责交接给灌溉管理机构和用水者小组，由其开展正常的运行与维护工作。

▲ 建成后的倒虹吸工程

▲ 灌区的自流增压设施

成 效

米拉沟灌区建成以后，一改该地区传统的灌溉陋习，使灌溉更加标准化、科学化，将传统的粗放式灌溉转为节约式浇灌，整体提高了灌溉区的经济效益、社会效益和生态效益。

1. 经济效益

项目在灌区采用输水干管，对支渠、斗渠进行防渗衬砌，提高输水能力，减少渠道渗漏和灌溉渗漏，降低水量损失，从根本上解决或缓解水资源短缺及严重的干旱，年用水量由628.96万立方米减少至484.2万立方米。

▲ 新建的斗渠

▲ 改建后的支渠

米拉沟区域的灌溉以自流和提灌方式为主。自流是在米拉沟及其分支上开渠引流的方式。这种方式开渠不受限制，旱季灌溉时容易引起村落之间的纠纷。由于引流未被监管，所以极容易造成水资源的浪费。提灌是利用人力、畜力、机电动力、水力、风力等拖动提水机具提水浇灌作物的灌溉方式，但在灌溉过程中需要消耗能量，进行经常性的维护、修理，管理费用比自流灌溉高。

工程结束后，灌溉的方式上以引流取代传统的自流和提灌，用水者协会对该地区的灌溉进行统一管理。总体而言，对灌区进行统一管理和使用，能够更好地为农户服务。传统提灌方式成本较高、浪费资源，规范化用水可以减少整体的用水成本。

传统的提灌和自流存在灌溉的不稳定性。旱季作物很难有高产量，使作物产量面临较大风险，极易造成产量减少，无法保证作物收入。而项目投入使用之后，水库能保障地区充足的灌溉水源，从而保证作物收入的稳定性。

▲ 项目建成后得到改善的农田

▲ 米拉沟灌区一角

2. 社会效益

首先，工程建成后可以进一步改善灌区的农业生产条件，使灌区农作物得到适时灌溉，增加农作物产量，增加贫困户收入，促进灌区经济发展和人民生活水平的提高。其次，工程建成后，可解决过去由于灌溉工程供水能力不足造成水量紧张而引起的用水纠纷，促进安定团结，推动地区社会全面进步。最后，民和县长期以来水资源的供需矛盾相当突出，同时水资源浪费现象严重。实施节水灌溉后，将大大减轻水资源紧缺的压力。

3. 生态效益

通过灌区改造，可在现有基础上进一步对山水田林路进行综合治理。同时，由于采取节水措施，可利用节约下来的水进行庭院经济和生态林建设，使灌区的小气候得到进一步改善。

该项目的建设是在原渠道上进行防渗衬砌，既无大的土石方开挖，破坏植被造成水土流失，也无工程永久占地，或压坏青苗，更无废气、废物排放，所以不会造成地区环境的恶化。相反，通过合理利用水资源、种植养地作物、生态建设，在沟岔、渠旁、田埂等种植树木后，不仅可以保护和美化环境，而且推动生态环境向更有利的方向发展。

经验与启示

（1）基础设施改善是贫困户持续增收的基础。项目建造改善了灌溉区的基础水利设施，保证了灌溉区域水源的稳定性，进而提高土地作物的质量和产量，增加农户的产值收入，成为贫困户持续增收的重要来源。

（2）基础设施改善也能改善局部的生态环境。项目的实施不仅可以充分利用现有水资源，而且对当地生态环境将产生有利影响。通过灌区改造，可在现有基础上进一步对山、水、田、林、路进行综合治理。由于采取节水措施，可利用节约下来的水开展庭院经济和生态林建设，使灌区的小气候得到进一步改善，符合可持续发展的根本要求。

（3）参与式管理能够放大减贫的效率。该模式充分发挥贫困户自身的积极性，让贫困户参与水利设施的施工与维护。相对于外来的施工单位，贫困户更了解本地实际状况，水利设施的修建更能结合本地实际。水利设施的后期维护成为贫困户持续增收的重要来源。

利用大数据扶贫信息系统促进精准扶贫

——山东省滨州市“大数据 + 扶贫”案例

案例类型：贫困识别，贫困监测

关键词：扶贫信息系统，贫困识别，大数据，精准扶贫

提交机构：山东省滨州市扶贫开发领导小组办公室

摘　要

传统的扶贫数据统计方式数据采集难、汇总难、分析比对难，难以对扶贫开发全过程进行有效监管。山东省滨州市探索了一种“大数据 + 扶贫”的精准扶贫模式，即利用集信息汇集、数据分析等功能于一体的滨州市精准扶贫综合信息平台，全面直观地呈现扶贫对象、项目信息、资金使用、帮扶措施、收益分配等各环节信息，同时打破了地域、部门之间的“信息孤岛”，让分散化、碎片化的信息实现互联，实施数据对比分析与综合评估，有效地解决了上述难题，极大地提高了工作效率。

背 景

只有把每家每户的情况都摸清、摸准、摸实，实时掌握本区域的贫困状况，才能对扶贫对象实施精细化管理、对扶贫资源实行精准化配置、对扶贫对象实行精准化扶持。但是，传统的数据统计方式存在技术落后、数据零散、资源分散等弊端，使相关人员难以进行有效的数据汇总、分析比对，难以对扶贫开发全过程进行有效监管，因此扶贫工作的效率也低。针对以上问题，山东省滨州市探索了一种“大数据 + 扶贫”的精准扶贫模式。该模式利用集信息汇集、数据分析等功能于一体的滨州市精准扶贫综合信息平台，全面直观地呈现扶贫过程中各环节的信息，让分散化、碎片化的信息实现互联，便于实施数据对比分析和综合评估。

项目实施

山东省滨州市探索的“大数据 + 扶贫”的精准扶贫模式利用集信息汇集、数据分析等功能于一体的滨州市精准扶贫综合信息平台，全面直观地呈现扶贫过程中各环节的信息，让分散化、碎片化的信息实现互联，便于实施数据对比分析与综合评估。该项目具体实施过程如下。

1. 开展广泛调研，汇总贫困与帮扶数据信息，研发多功能的大数据扶贫信息系统

2016 年年初，滨州市政府决定充分利用信息化为扶贫工作提供技术支持。为了精准确定扶贫对象，滨州市开展“大调研、大走访”贫困识别“回头看”行动，精准锁定了需要帮扶的对象，同时收集和汇总这些贫困对象的具体位置、致贫原因、贫困程度等信息，利用“大数据”定位技术，研发设计集

信息收集、数据分析、政策发布等多功能于一体的滨州市精准扶贫综合信息平台。每个贫困户、贫困村、贫困县的贫困程度，帮扶措施、帮扶动态、帮扶成效等信息都在滨州市精准扶贫综合信息平台中被清晰直观地展现出来。

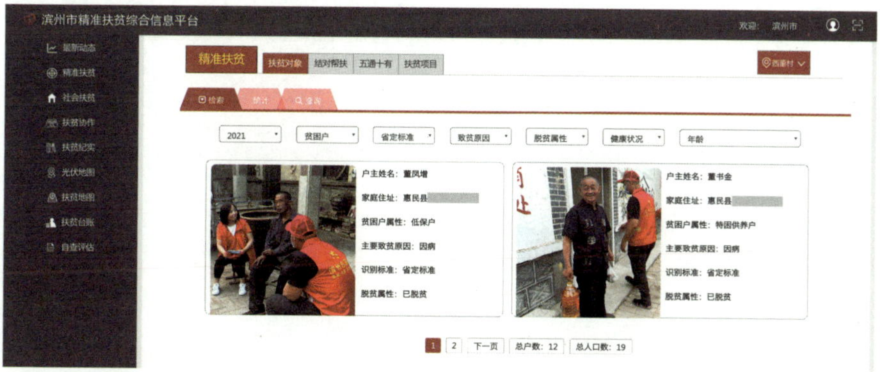

▲ 滨州市精准扶贫综合信息平台上呈现的贫困人口信息（示意图）

2. 利用大数据扶贫信息系统管理扶贫日常工作

滨州市精准扶贫综合信息平台可以实现对扶贫领域工作的全流程监管和扶贫成果的多角度展示。第一，直观展示贫困信息。将贫困人口的家庭情况、住房情况等数据及影像资料全部录入系统，对贫困村、贫困户进行“时间轴”的追踪。第二，精准监管项目和资金。将 2015 年以来所有项目实施方案全部录入系统，适时调度监控每一个项目的资金拨付使用、建设进度、效益等情况；在贫困户增收信息方面实行“一卡通”信息化管理，对贫困户的惠农政策性补贴及各类收入进行实时监测。第三，“光伏贷”项目监管预警。为预防金融扶贫风险，动态监管每一个“光伏贷”项目的运行、收益、银行还款等情况，实现对项目运行情况的动态监管和问题预警功能，保障每个项目长期健康平稳运行，贫困户长期稳定增收。第四，精准标示扶贫地图。对贫困户的 GPS 位置在地图上进行动态标示，形成“扶贫地图”，用手机便可轻松查看。第五，即时推送工作动态。设置“扶贫台账”栏目，动态记录扶贫办各组的工作情况及各级脱贫攻坚重大活动和重要事件，当日动态当日发布，实时掌握全市扶贫工作的最新进展。第六，实时共享对接数据。各部门收集到的低保、大病、残疾、工商注册、学生等信息及贫困人口的房产、车辆、公职等情况全部被汇总到大数据中心。扶贫信息系统将同各部门提供的数据无缝对接，极大地提高了工作效率。第七，全面展示社会扶贫。帮扶责任人、社会组织、扶贫企业都可以通过该系统记录和展示帮扶动态，全社会都可以对此进行监督，从而构建人人参与的新扶贫格局。

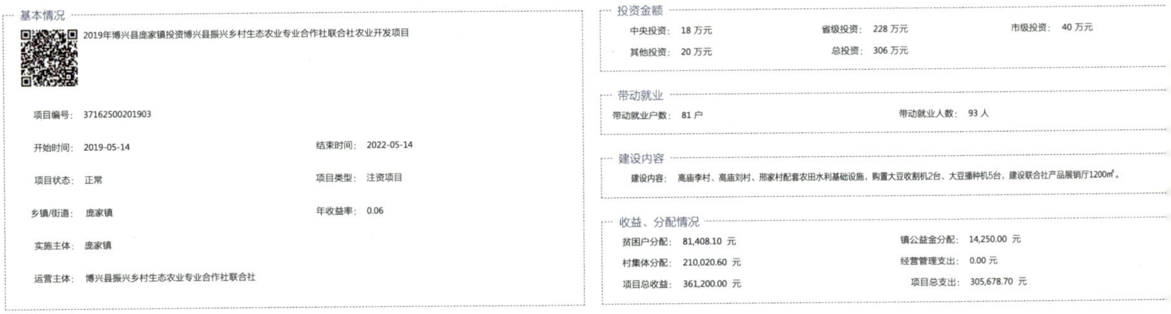

▲ 大数据扶贫信息系统可对项目进展实时监控

3. 各级扶贫工作人员全部安装、使用扶贫信息系统，动态掌握和展示扶贫信息

滨州市各级扶贫干部安装滨州扶贫 App，用手机随时精准掌握情况，打开 App 就是一张地图，获得贫困户的生活现状和房屋状况、政策落实、收益分配等信息，并每日记录扶贫工作情况，形成了全面翔实的工作档案。

成　效

自 2016 年将“大数据 + 扶贫”机制运用于滨州市精准扶

贫综合信息平台以来，大数据扶贫信息系统打破了地域、部门之间的“信息孤岛”，使扶贫信息更加公开透明，成为各级科学决策、服务全市脱贫攻坚的“总指挥台”。

第一，扶贫工作效率得到大幅度提高。扶贫工作效率提高体现在两个方面：一是各部门、机构之间的行政效率。大数据扶贫信息系统将民政、工商、银行等与各部门和机构提供的数据无缝对接、实时共享，减少了部门之间的沟通成本，提高了工作效率。二是帮扶和决策实施效率。所有扶贫干部均安装扶贫信息系统应用，各项政策和决定通过此应用发布。帮扶人员通过该系统获取信息、记录帮扶动态、查看工作进度，全社会参与监管。“大数据 + 扶贫”机制极大地提高了帮扶效率。

第二，大数据扶贫信息系统提高了贫困识别的精准程度。大数据系统使扶贫信息公开呈现，把真正的贫困人口筛选出来，把不符合扶贫标准的人员清理出去，实现对扶贫对象的实时观测、动态监测、精准识别。

第三，大数据扶贫信息系统的大数据分析功能提高了贫困干预的精准程度。该系统可以对贫困户的实际情况进行科学分析，因户因人精准施策，帮助其发展特色产业脱贫、提供就业岗位、发展教育、低保兜底，还可以精准评估扶贫项目进展、资源利用、政策落实等情况，进而动态调配资源、规划部署工作，提高扶贫资源、资金和项目的精准度、有效性。

真实故事

通过调查摸底和部门信息共享，滨州市博兴县建立了 12 万户居民的城乡低收入群体动态监测数据库。目前，该数据库已连接档外的大病、低保、五保、孤儿、孤老、重度残疾人六类困难人群的数据信息，根据人员类别自动标注星级。星越多表明疑似贫困程度越高，在滨州市精准扶贫综合信息平台上显示的优先级越高。以大病人员为例，该平台通过与人社部门的数据连接，将大病报销后个人自负部分累计超过 2 万元的人员信息标注星级，根据星级预警逐级向上反映。如经核实，档外人员符合纳入贫困人口的标准，则通过规范的纳入程序从动态监测数据库进入精准管理数据库，享受各项扶贫政策。整个识别过程为一个线形流程。截至目前，博兴县通过该平台监测发现疑似符合贫困标准的有 410 人，经进一步核实发现 66 人没有被纳入帮扶系统，随后依照程序纳入。

经验与启示

大数据扶贫信息系统的发展和应用具有良好的可持续性。“大数据 + 扶贫”模式只需在项目的开始阶段投入一定的资金，进行数据的汇集与软件的开发，后期只需要定期对软件进行维护即可，避免了扶贫资金不间断的大规模投入。

“大数据 + 扶贫”模式解决了扶贫管理系统端口增加各部门之间数据资源的交互的问题，减少信息壁垒，提高了扶贫行政效率。大数据分析的数据处理能力和信息统计功能为精准扶贫的实现提供了充足的知识储备和较为完善的科学技术支持，可以有效解决扶贫数据不通、数据不准、管理缺失等问题，切实提高精准扶贫效率。